I0148347

1 Vol

140 onglets

t. 2ème

MISSION ARCHÉOLOGIQUE FRANÇAISE
AU CAIRE

TOME SECOND

MÉMOIRES

PUBLIÉS

PAR LES MEMBRES

DE LA

SSION ARCHÉOLOGIQUE FRANÇAISE

AU CAIRE

1882-1884

TOME SECOND

LES HYPOGÉES ROYAUX DE THÈBES

Par M. G. LEFÉBURE

DIRECTEUR DE LA MISSION ARCHÉOLOGIQUE DU CAIRE

PREMIÈRE DIVISION

LE TOMBEAU DE SÉTI Ier

PUBLIÉ IN-EXTENSO

Avec la collaboration de MM. U. BOURIANT et V. LORET

Membres de la Mission archéologique du Caire

et avec le concours de M. Édouard NAVILLE

BIBLIOTHÈQUE N

CENTRE DE

Réf. Postale

78011 VERSAILL

AVEC 136 PLANCHES

PARIS

ERNEST LEROUX, ÉDITEUR

LIBRAIRE DE LA SOCIÉTÉ ASIATIQUE

LES

HYPOGÉES ROYAUX DE THÈBES

PREMIÈRE DIVISION

LE TOMBEAU DE SÉTI IER

INTRODUCTION

Les matériaux relatifs aux hypogées royaux de Thèbes ont été recueillis, en février et mars 1883, au cours d'une mission relevant du Ministère de l'Instruction publique, qui s'est imposé de véritables sacrifices pour la rendre possible ; c'est mal le remercier que de donner un fonds aussi insuffisant au recueil de planches qu'il désirait voir paraître : toutefois, il faut peut-être tenir compte ici des circonstances difficiles dans lesquelles cette mission a eu lieu. Quand d'impérieuses nécessités budgétaires ne permettent pas de visiter les ruines de l'Égypte pendant plus de deux mois, une telle excursion, faite sans reconnaissance préalable et non accompagnée de fouilles, portera certainement d'autres fruits qu'un voyage entrepris avec d'autres ressources. Il est donc permis d'espérer qu'à ce sujet, et même au sujet d'un retard de publication dont il serait fastidieux de détailler les causes, le public égyptologique ne se montrera pas trop sévère.

I

LE SITE DE BAB-EL-MOLOUK. — IMPRESSION GÉNÉRALE

I

De Louqsor à Bab-el-Molouk, où sont les tombeaux des rois, la première partie du voyage est charmante, surtout le matin, par cet air frais qui court sur le Nil, et cette légère brume basse d'où sortent si gracieusement les palmiers. On traverse les deux bras du fleuve et le banc de sable qu'ils enserrent, pour entrer ensuite, au trot de son âne, dans de vastes champs verts, où foisonnent des fleurettes multicolores et où bruissent avec un faible cliquetis métallique les tiges un peu dures de l'orge, tandis que çà et là, les roues lentes des *sakièhs* grincent doucement l'espèce de cantilène particulière au bois qui tourne dans du bois. Arrivé à la lisière du sol cultivé, on rencontre au long des filets d'eau claire que font couler les *sakièhs* quelques arbres, rares et maigres à la vérité, mais dont les feuilles sont remplacées par des oiseaux, et surtout par ces jolis moineaux à aigrette que les petites fellahines, armées de frondes, chassent toute la journée des champs qu'ils pillent :

au premier bruit, tout ce feuillage vivant s'enlève en nuée gazouillante, rappelant ainsi les arbres qui chantent des Contes orientaux.

On côtoie, suivant la route prise, ou le Ramesséum ou le temple de Gournah, qui font un contraste si heurté par leurs grands éboulements, leurs énormes cascades de pierres, avec les pauvres petites huttes des fellahs tachant au loin les pentes rousses de leurs cubes terreux, pêle-mêle avec les trous des syringes. Ces huttes sont le village de Gournah, dont les habitants, aux bonnes figures éclairées de dents blanches, animent par leur va-et-vient l'espace aride qui s'étend des champs à la montagne, sillonné de sentiers et creusé d'innombrables puits à momies. Les domestiques et les enfants conduisent aux pâturages les chameaux, les buffles et les ânes, surveillés par les maîtres, Arabes barbus ou Coptes à moustaches frisées, en robe noire et en turban à peu près blanc, qui passent et se saluent les uns les autres, éperonnant leurs ânes du talon. Les femmes, sveltes et lentes sous leur long voile noir, parfois liseré de rouge, font halte et cercle autour du puits, la cruche couchée sur leurs têtes si elle est vide, et droite si elle est pleine. Là-bas, c'était la vie végétale dans sa fraîcheur; ici, c'est la vie arabe dans sa simplicité.

II

Quand on a franchi cette dernière zone, on débouche dans un grand ravin où aboutissent les sentiers, et où s'embranche vers Farchout la route des caravanes soudaniennes, dont les chameaux dressent parfois sur l'horizon du désert leur haute cavalerie difforme.

Le ravin, creusé par les eaux de pluie qui coulent des montagnes vers le Nil, n'est autre que la route ordinaire de Bab-el-Molouk. C'est là que commence la seconde partie du voyage, bien différente de la première, car on ne fait plus que suivre en longs détours et sous un soleil de plus en plus d'aplomb, le torrent desséché, vrai squelette de rivière, dont le lit et les affluents dessinent le plan de la Vallée des Rois.

On trouve dans les livres de presque tous les voyageurs en Égypte des descriptions plus ou moins détaillées et plus ou moins fidèles de ce paysage morne, dont la nudité sous le soleil saisit fortement l'esprit, mais le motif qui donne à l'impression ressentie son caractère intime paraît avoir échappé aux touristes, plus occupés, dans la hâte du voyage, à voir les choses qu'à les comprendre.

Le bouleversement terrestre qui a déchiré ici les montagnes les a criblées en outre d'une multitude de rebuts géologiques, si l'on peut dire, qui les font ressembler à des tas de décombres, sauf vers la fin, dans les endroits où les couches calcaires, cassées net et relevées droit, se dressent soit en hautes et longues falaises, soit en groupes imitant des châteaux forts ou des tours. Partout ailleurs, on ne voit guère sur les pentes affaissées que l'on côtoie et sur la route poudreuse où l'on marche, que cailloux ronds, silex éclatés, et rochers de toute grosseur faits de matières dissemblables mal amalgamées dans une pâte grossière, tout cela jeté ou penché pêle-mèle, au milieu des coulées de sable, dans les attitudes d'un vaste écroulement lent. Le paysage roussi semble se dissoudre, et cette mort apparente de la montagne comme de la pierre, choses dont nous ferions volontiers des symboles de stabilité, suggère l'idée confuse et accablante de la fin d'un élément. Là, notre sympathie n'a plus où se prendre, habitués que nous sommes à trouver dans nos points de vue les plus tristes, comme dans les sites alpestres ou automnaux, des vestiges de puissance ou des symboles de résurrection. Sans doute, l'effrondement de la Vallée des Rois n'est qu'une illusion. Les couches dont les ondulations composent la montagne ne perdent ni leur forme ni leur place, et les moindres changements, comme l'exfoliation du roc sous le soleil, se font même là avec une telle lenteur qu'on dirait d'hier, sans exagération, d'imperceptibles *graffiti* tracés il y a plus de trois mille ans, d'une pointe légère et fine, sur des lames de calcaire déjà éclatées.

Mais l'imagination, qui voit les choses comme elles semblent être et non comme elles sont, ne raisonne pas ainsi, ou plutôt ne se paie pas de raisons, et il sera facile de le montrer par un nouvel exemple.

On lit partout que nul indice de vie n'existe dans la Vallée des Rois ; cependant, les chacals y galopent jour et nuit ; les loups y hurlent le soir, dans les gorges d'en bas ; les chauves-souris y infestent les tombes, où elles pendent en grappes fourmillantes aux piliers et aux voûtes ; les serpents y gîtent ; les mouches y bourdonnent ; les énormes guêpes d'Égypte y maçonnent leurs cellules terreuses sur les sculptures et les hiéroglyphes ; les petits oiseaux y nichent dans les fentes ; les chouettes y crient ; les aigles, les éperviers et les corbeaux y tournoient sur les hauteurs, tandis que dans les bas-fonds, aux rares endroits où les creux du roc gardent un peu d'eau sous un peu de sable, deux ou trois herbettes dressent fièrement leurs petits panaches verts, à fleurs roses ou jaunes. Il y a même des papillons : le 25 février 1883, deux jolis paons du jour se jouaient, bien au delà du tombeau d'Aï, dans le réduit le plus reculé et le moins accessible de la vallée.

Tous ces détails, groupés comme ils viennent de l'être, font masse et pèsent sur la mémoire, mais dispersés et isolés comme ils le sont dans la réalité, ils disparaissent, pour le voyageur, devant une idée dominante d'abandon, de stérilité et de dépérissement, qui ne saurait être écartée une seule minute. Il y a des sentiments trop impérieux pour qu'on s'en débarrasse, en présence ou même au souvenir des lieux qui les suggèrent.

III

C'est seulement à l'arrivée que l'esprit se détend et se retrouve, dans l'ombre fraîche des premiers tombeaux, et au milieu des marques imprimées à jamais dans la montagne par l'activité humaine.

Sera-t-il permis de préciser l'impression qui s'impose ici, à la vue des gigantesques travaux d'excavation et d'ornementation exécutés pour la sépulture des Pharaons ?

Cette impression paraît d'une nature spéciale, toute d'étonnement, et il faut reconnaître que l'admiration pour l'énormité de l'effort accompli est exposée à se lasser vite, dans les tombes royales, par la raison que ce sont des tombes égyptiennes.

Leur structure générale a tout le caractère des édifices pharaoniques, où la beauté est sacrifiée à la solidité, et la hauteur écrasée sous la largeur, de sorte que, même dans les grandes salles des sarcophages, la grosseur des piliers masque l'élévation des voûtes : ce défaut, si c'en est un, se joint à l'absence de jour et d'air pour amener une oppression matérielle et morale d'un singulier genre : dans la plupart des hypogées, on sent peser sur soi tout le tombeau.

Il y a plus : les figures égyptiennes, au moins dans les monuments religieux, n'excitent pas l'intérêt parce qu'elles manquent d'expression : elles étaient dans l'intention des hiérogrammates ce qu'elles sont aux yeux des visiteurs, c'est-à-dire des hiéroglyphes plus grands que les autres, et elles n'ont par suite que la beauté glacée de la calligraphie. Ici, les tableaux mêmes qui groupent les personnages ne touchent pas plus, par le motif fort simple qu'ils représentent des sujets hiératiques en quelque sorte, c'est-à-dire séparés des croyances primitives, spontanées et sincères, par deux ou trois refontes sacerdotales. Ces remaniements de plus en plus subtils ont rendu les compositions funéraires de plus en plus obscures, même pour les Égyptiens, et à plus forte raison pour nous : or on admire mal quand on ne comprend guère.

Enfin, l'hypogée royal n'est, dans sa conception première, qu'une sorte de puits ou de souterrain destiné à cacher la momie : il va donc, de coude en coude ou de descente en descente, chercher la nuit dans la terre, comme s'il plongeait au sein du monde infernal reproduit sur ses parois. Là, au fond des grandes salles de Séti Ier, de Tauser, de Setnekht, de Ramsès III et de Ramsès VI, dans ces lourdes ténèbres, où le jour n'a pénétré et ne pénétrera jamais, dans cet air à peine respirable, agité seulement par le vol des chauves-souris qui l'infectent, parmi ces peintures sans vie de symboles sans âme, auxquels ne paraissent pas avoir cru ceux qui les ont inventés, près de ces textes et de ces sarcophages inutiles, puisque le mort lui-même est absent, tout cela ruiné et perdu dans les entrailles d'une montagne, comme au bout de l'univers, on éprouve une sorte d'horreur secrète et de répulsion instinctive : *l'aspect de la grande salle sépulcrale glace d'épouvante*, a dit un voyageur. On ne peut s'empêcher, après quelques minutes, de hâter le pas vers la sortie, pour échapper à une sensation d'isolement et de néant qui serre le cœur.

Ainsi, il faut voir vite les tombes royales, et de plus il faut les voir non seulement en elles-mêmes, mais encore dans les contrastes dont elles fournissent l'occasion. Il faut avoir laissé derrière soi, subitement, d'abord la civilisation européenne représentée par l'hôtel ou la *dahabièh*, puis le Nil, puis la végétation, puis l'homme, puis l'animal, puis le soleil lui-même ; et, quand on a ainsi perdu de vue toutes les formes de la vie, pour découvrir, au fond des tombeaux les plus gigantesques et les plus travaillés qu'il y ait, l'inanité du tombeau lui-même, le choc des oppositions entrevues dans ce brusque voyage au pays du néant laisse à l'esprit, plongé et retiré vif, si l'on peut dire, un saisissement dont il jouit d'autant mieux qu'il l'analyse moins : l'étonnement n'est-il pas une des formes du plaisir ?

Ce résultat obtenu, il ne reste plus qu'à partir. C'est avec une joie véritable qu'on retrouve alors ce qu'on avait quitté, tout cet entourage sympathique dont le souvenir reparaît lorsqu'on découvre, à mi-côte et au soir tombant, du rocher que certains Arabes appellent la *Maison des aigles*, une longue ligne de verdure déjà pâlie sous le ciel rose, où se devinent le Nil, Louqsor, et le chez-soi relatif du voyageur.

II

LE TOMBEAU DE SÉTI IER. — NOTICE

I

Les impressions qui viennent d'être décrites tant bien que mal feront peut-être entrevoir la Vallée des Rois au point de vue pittoresque : il reste à la faire connaître au point de vue égyptologique, et c'est là le but de tout ce travail.

Le présent volume ouvre donc une série d'études sur les hypogées royaux de Thèbes, monuments dont l'importance est assez grande pour que Champollion, sans épuiser le sujet, tant s'en faut, leur ait consacré près du quart de ses *Notices* (I, 404-476 et 744-829, et II, 490-688).

Cette série d'études se répartira en quatre divisions.

La première division comprendra tout le tombeau de Séti Ier. La seconde division comprendra le tombeau de Ramsès IV, moins les parties déjà publiées de ses deux premiers corridors et de son grand plafond. La deuxième division comprendra la description complète des autres tombes, et la copie des textes encore inédits qui s'y trouvent. Enfin, la quatrième division comprendra l'historique, l'analyse et l'explication du plan et de la décoration des hypogées royaux.

Les tombeaux de Séti Ier et de Ramsès IV, qui sont les plus beaux de tous, paraîtront d'abord, parce qu'ils fournissent deux excellents modèles des deux manières différentes dont les hypogées royaux furent creusés et décorés, suivant leur grandeur et leur date. Il y a eu en effet deux plans principaux, en rapport avec la puissance ou la durée des règnes, et deux décorations principales, en rapport chronologique avec la grandeur et la décadence de l'empire : la connaissance de ce double plan et de cette double décoration simplifie au plus haut point l'examen des monuments étudiés ici.

Les deux plans principaux sont le grand et le petit plan. Le petit est l'extension du puits et du caveau des tombes ordinaires, ses corridors correspondant au puits, et ses salles avec leurs annexes au caveau. Le grand plan n'est guère que le redoublement du petit ; il varie toujours de règne en règne, dans les détails, mais son ensemble laisse facilement entrevoir sa destination, qui était de dépister les recherches, au moins dans le principe, car à la fin ce plan fut systématisé et régularisé. De la conception primitive dérivent quatre sections dont chacune, aux plus anciens tombeaux, pouvait comporter une déviation dans l'axe du plan; elles ont été conservées ici dans le partage du tombeau de Séti Ier en quatre parties distinctes :

I. Les premiers corridors et une petite salle à puits ;

II. Une grande salle à piliers avec annexes ;

III. Les derniers corridors et une petite salle correspondant à celle du puits ;

IV. Une deuxième grande salle à piliers, avec annexes, correspondant à la première grande salle.

Un tel plan suggère l'idée d'un tombeau en quelque sorte double, ou, si l'on veut, de deux tombeaux, l'un faux et l'autre vrai, reliés l'un à l'autre par le passage qui s'ouvre dans le sol de la première salle à piliers, et qui s'appelait *ro-sta*, comme la porte de l'enfer.

Conçue en partie d'après les exigences du plan, la décoration se composait en premier lieu, à la bonne époque, de scènes figurant la réception du roi par les divinités des cycles solaire et osirien, sur les parois des deux petites salles, et en général sur les portes et sur les piliers. En second lieu, et à la même époque, la décoration reproduisait dans les autres parties du tombeau certains livres illustrés qui se rapportaient, les uns à la célébration du culte, les autres à la description de l'enfer.

Les livres consacrés au culte étaient : la *Litanie du Soleil*, qui se récitait sur soixante-quinze figurines du soleil posées à terre (premiers corridors), et le *Rituel de l'Ap-ro* ou de *l'ouverture de la bouche*, sorte de scénario d'une cérémonie théâtrale que divers acteurs religieux célébraient autour de la statue du roi mort (derniers corridors). Les compositions descriptives étaient le *Livre de l'Enfer* et le *Livre de l'Amtuat*, relatifs au monde souterrain (troisième corridor, salles à piliers et chambres annexes), une légende sur l'installation de la voûte céleste (première ou seconde chambre à droite de la grande salle), et une carte astronomique du ciel avec la liste des décans (grand plafond).

A l'époque de la décadence, la décoration fut modifiée, ainsi que le montrera le tombeau de Ramsès IV : on s'appliquait surtout, alors, à étendre le cadre de la *Litanie solaire*, en l'adaptant à une vaste composition descriptive.

II

Le tombeau de Séti Ier est situé à côté de celui de Ramsès Ier, dans le deuxième embranchement gauche de la Vallée des Rois, ou Bab-el-Molouk; Wilkinson lui a donné le numéro 17; à la vingtième dynastie, au temps de Ramsès X, il était connu sous le nom de *Tombe-Quarante*, d'après un papyrus de Liverpool analysé par M. Goodwin; il fut à cette époque pillé par des voleurs égyptiens, en même temps que celui de Ramsès II. Plus tard, sous la vingt et unième dynastie, quand les grands prêtres d'Ammon réunirent dans le souterrain de Deir-el-Bahari un certain nombre de momies royales, le corps de Séti Ier fit partie du groupe, après avoir été distrait de son sarcophage et transféré dans la tombe d'une reine, puis dans celle d'un Aménophis.

Depuis lors, l'hypogée redevint complètement ou presque complètement inconnu, jusqu'à sa découverte par Belzoni le 18 octobre 1815. L'explorateur trouva la salle du puits encore fermée au fond par un mur, percé il est vrai d'un trou de fouilleur; le souterrain qui s'ouvre dans la deuxième grande salle était muré aussi.

La tombe contenait quelques statuettes en bois creux d'environ quatre pieds de haut distribuées dans les petites chambres de la seconde grande salle; une grande statue en bois du roi marchant le bâton à la main (aujourd'hui au British Museum); un grand nombre de petites statuettes funéraires en bois ou en porcelaine bleue, déposées avec la momie d'un bœuf dans la dernière chambre du tombeau, celle qui a quatre piliers; enfin, sous la voûte de la grande salle, le sarcophage, fait d'une pierre transparente analogue à l'albâtre. Ce sarcophage, dont le couvercle était brisé et renversé, se trouve maintenant à Londres, au *Soane Museum*. La momie est au musée de Boulaq, couchée au milieu de guirlandes sèches dans un grand cartonnage blanc, qui semble de la vingt et unième dynastie.

Quelques sculptures du tombeau, sciées sur place, ont été données à différents musées d'Europe; en voici le détail :

Deux montants de porte qui figuraient face à face à l'entrée du quatrième corridor, ont été emportés par Champollion et Rosellini pour les musées de Paris et de Florence ; — à la deuxième grande salle, le côté d'entrée du second pilier de gauche a été détaché par le D Lepsius pour le musée de Berlin, ainsi que la fin de la paroi gauche de cette même salle (avant la voûte).

Une certaine quantité de cartouches et d'hiéroglyphes ont été et sont encore pris çà et là par les Arabes et les touristes, ce qui, joint à l'enlèvement des quatre bas-reliefs dont il vient d'être parlé, entretient la singulière légende de la destruction du tombeau par le Dr Lepsius; la présente publication réfutera incidemment cette calomnie.

L'historique de la célèbre découverte faite par G. Belzoni se trouve tout au long dans l'ouvrage intitulé : *Narrative of the operations and recent discoveries in Egypt and Nubia*, London, 1822 ; à cet ouvrage de Belzoni sont joints des plans et des planches en couleur.

Une courte notice descriptive, par L. Hubert, a paru en 1822 à Paris, au sujet d'une reproduction projetée du monument : *Description du tombeau d'un roi égyptien découvert par G. Belzoni.*

En 1829, Champollion et Rosellini ont copié, avec plus ou moins de lacunes, certaines parties de l'hypogée, entre autres le début et les figures de la *Litanie*, le troisième corridor, la salle à quatre piliers avec son annexe, et les deux derniers corridors, où se trouve l'*Ap-ro*, livre dont le texte a été récemment édité par M. Schiaparelli d'après les papiers de Rosellini et une copie de M. Naville. Dans ses *Notices*, Champollion a donné une description de l'hypogée, très incomplète à la vérité.

Pendant l'hiver de 1844 à 1845, le Dr Lepsius releva avec soin le plan de l'hypogée ; il publia aussi dans son grand ouvrage, outre ce plan, quelques scènes de la décoration, ainsi que le plafond astronomique de la deuxième grande salle.

En 1864, MM. Bonomi et Sharpe donnèrent intégralement la décoration du sarcophage royal, *The alabaster Sarcophagus of Oimeneptah I.*

Enfin, on doit à M. Naville le texte de la *Litanie* (premier corridor et porte du deuxième corridor), et la légende de la Vache ou de l'installation du firmament (seconde grande salle, première chambre annexe de droite).

Ces premiers travaux ont bien facilité l'étude complète du tombeau. MM. Naville et Schiaparelli ont d'ailleurs consenti, avec la plus grande obligeance, à une nouvelle publication de la *Litanie* et de l'*Ap-ro*, textes qui en quelque sorte leur appartiennent. M. Naville s'est même dessaisi de ses estampages pour aider à la revision des textes qui occupent le corridor de la *Litanie* et la chambre de la Vache.

De plus, MM. U. Bouriant et V. Loret ont bien voulu prendre quelques journées, sur le temps réservé à leurs travaux personnels, pour copier différentes fractions du *Livre de l'Enfer* et de l'*Amtuat;* les planches ou parties de planches qui correspondent aux fractions copiées par eux portent en signature les initiales U. B. ou V. L. ; ce sont :

Partie I, les planches 15-20,

Partie IV, les planches 7-14,

Partie IV, les planches 23-26,
— — 32-35,
— — 39-42,
— — 47-49.

Le troisième corridor, ainsi que la première grande salle et son annexe, ont été revus sur la copie de Champollion, publiée dans ses *Notices*, et les deux derniers corridors ont été revus sur la copie de Rosellini publiée par M. Schiaparelli. (Les parties détruites depuis Champollion et Rosellini ont été indiquées, dans les planches, par des hachures droites cernées d'un trait.)

La voûte est donnée d'après le Dr Lepsius dont la planche, qui a été soigneusement collationnée à nouveau, ne contient pas d'erreur : le trait de force y est seulement ajouté à tort aux personnages et aux hiéroglyphes, lesquels sont peints et non sculptés. C'est aussi le plan et la coupe figurant aux *Denkmaeler* du Dr Lepsius qui ont été reproduits.

III

Il est maintenant indispensable, pour l'intelligence des planches, de donner une idée sommaire de la décoration, en ce qui concerne au moins son exécution matérielle; quant à sa valeur artistique, on en jugera d'après un choix de sujets copiés avec une parfaite exactitude par M. Bourgoin, en février et mars 1883, et destinés à paraître en un recueil d'une trentaine de gravures.

Toutes les parties achevées du tombeau sont sculptées et peintes, sauf les plafonds, et la gauche de la paroi du fond dans la première petite salle, comme on le verra plus loin. La sculpture s'enlève en relief sur un fond peint en blanc, aux quelques exceptions suivantes près : pour les personnages de la *Litanie*, au deuxième corridor, le fond est jaune, comme pour les scènes de la porte du quatrième corridor qui sont aujourd'hui à Paris et à Florence ; aux deux petites salles, le fond est d'un gris très pâle, et dans la dernière grande salle il est jaune.

Les couleurs des hiéroglyphes sont conventionnelles et varient parfois suivant le fond. En général, les peintures sont cernées d'une ligne noire, excepté dans les parties blanches ou jaunes, dont le contour est rouge : cette délimitation rouge ou noire ne figure pas toujours. Les lignes verticales qui séparent les colonnes d'hiéroglyphes sont bleues.

Vu leur complication, les combinaisons de couleurs des cadres qui entourent les chambres et les piliers, en haut et en bas, seront expliquées dans l'appendice ajouté à la quatrième section du tombeau.

Les plafonds décorés sont seulement peints ; ils présentent d'ordinaire un semis d'étoiles jaunes sur un fond bleu, sauf au premier corridor, au deuxième corridor, et à la voûte de la grande salle ; là, le fond reste bleu, mais avec des peintures diverses, qui sont jaunes au deuxième corridor et à la voûte.

La gauche et le milieu de la paroi du fond, à la première petite salle, n'ont été que peints, comme les plafonds, parce qu'il y avait là une porte murée, après le puits.

Les parties non achevées ne sont pas peintes ; elles sont sculptées ou simplement dessinées. Le dessin se composait d'abord d'une esquisse en rouge, comme à la porte du troisième corridor, et cette esquisse était presque toujours retouchée en noir, comme au deuxième corridor, et à la porte ainsi qu'aux parois de la chambre annexe de la première grande salle. Ces deux portes, ce corridor et cette chambre, seuls, sont inachevés; à la porte de la chambre comme au corridor, certains hiéroglyphes ont été sculptés à partir du bas des colonnes; ils se reconnaîtront aisément, dans les planches, au trait de force qui les relève. A la paroi droite de la seconde grande salle, sous la voûte, on remarque les traces d'une décoration abandonnée, dont il subsiste quelques hiéroglyphes sculptés.

Si certaines parties restent inachevées, d'autres sont complètement nues ; en voici la liste :

Porte d'entrée : le bandeau, le plafond, et l'extérieur comme le milieu des jambages; — troisième corridor : le milieu du jambage gauche de la porte, le plafond de la porte, et le plafond du corridor ; — première petite salle : le plafond de la porte et le milieu des jambages; — première grande salle; porte d'entrée : le plafond et le milieu des jambages ; descente : les parois, et l'espèce de pilier enduit d'une boue mêlée de paille et non détaché de la paroi, qui se trouve là à droite (c'est en face de ce pilier, sur la paroi gauche, que les touristes ont inscrit des invectives contre Lepsius et même contre Champollion); chambre annexe : le plafond ; — seconde grande salle ; deuxième chambre annexe à gauche : le plafond de la porte et le plafond; deuxième chambre annexe, à droite, celle qu'une inscription de sa porte appelle *Chambre du Tat :* l'intérieur des premiers jambages, les seconds jambages, le plafond de la porte, le plafond et les parois; chambre du fond : jambages du milieu de la porte, plafond de la porte, plafond, parois et piliers. (Cette chambre a quatre piliers dont un renversé; on y a réuni ou laissé un grand monceau d'éclats de pierre, et c'est là que Belzoni a trouvé la momie d'un bœuf.)

Les portes ont en général beaucoup plus souffert que le reste; on ne les a pas *il* est vrai coupées par endroits, comme on l'a fait dans d'autres tombeaux, pour faciliter la descente du sarcophage, et c'est seulement aux parois du premier corridor qu'on remarque des entailles qui semblent creusées dans ce but. Malgré cela, peu de jambages restent intacts : il faut attribuer surtout cette détérioration des parties les plus fragiles de la tombe aux voyageurs et aux fellahs, sans oublier le torrent d'orage qui, au temps de Belzoni, s'engouffra dans l'hypogée et en endommagea les portes.

Les textes commencent généralement sur le côté gauche des parois, mais cette disposition n'est pas constante. En général aussi, chaque corridor, chambre ou salle, reçoit un texte complet : il n'y a d'exceptions qu'au commencement, où la *Litanie du Soleil* empiète sur le deuxième corridor, et aux quatrième et cinquième corridors, qui ont été considérés comme ne formant qu'une seule pièce.

La succession régulière des textes a été observée dans les planches, quelque ait été l'ordre adopté par les artistes égyptiens ; ainsi, à la deuxième partie, le commencement de la paroi droite de la chambre annexe occupe la planche 25, le milieu la planche 26, et la fin la planche 22 : cette paroi présente en effet la fin de deux textes dont les commencements se trouvent sur les deux parois voisines ; il en est à peu près de même à la paroi du fond de la première grande salle. Ce sont au reste les seuls exemples qu'il y ait dans le tombeau d'une disposition semblable. Partout ailleurs, on appréciera sans peine la marche des textes et l'aspect des parois, surtout si l'on veut bien se reporter à la description analytique qui va suivre, et au plan qui l'accompagne.

On se rappellera que dans cette description, comme dans les planches, les termes de gauche, droite, extérieur, intérieur, entrée et fond, sont applicables à un visiteur *entrant* dans la partie du tombeau analysée ou reproduite. On se rappellera aussi que le mot chambre a été réservé aux pièces annexes, qui se trouvent en dehors de l'axe du tombeau.

Quant aux abréviations, G. est pour gauche, D. pour droite, E. pour entrée, F. pour fond, Ex. pour extérieur, M. pour milieu, et I. pour intérieur ;

Bel. est pour Belzoni, *Narrative of the operations*, atlas ;

Ch., *Not.*, ou *Mon.*, est pour Champollion, *Notices*, I, ou *Monuments*, III ;

Ros. est pour Rosellini, *I Monumenti dell'Egitto*, III ;

Lep. est pour Lepsius, *Denkmaeler*, III ;

Nav. est pour Naville, *La Litanie du Soleil*, planches ;

Et Sch. est pour Schiaparelli, *Il libro dei Funerali*, atlas, III.

Les chiffres donnés sans autre indication sont les numéros des planches de la présente publication.

Enfin, comme dernier renseignement, le plan est reproduit d'après Lepsius, *Denkmaeler*, I, 96 (cf. Belzoni, *Narrative*, atlas, 40, et Prisse d'Avennes, *l'Art égyptien*, planches).

IV

PREMIÈRE PARTIE

PREMIER CORRIDOR

Porte. — Jambages. Intérieur. — Cartouches et éloges du roi.

Paroi gauche. — Sous un disque et un urœus ailés, le roi devant Harkhuti sur un naos ; titre et tableau de la *Litanie du Soleil* (4. —

Leps., 134, *a;* cf. Ch., *Not.*, 426-7). *Litanie* (5, 7. — Nav., 2-7 ; cf. Ch., *Not.*, 752-7).

Paroi droite. — *Litanie* (10-13. — Nav., pl. 10, l. 15, à pl. 17).

Plafond. — La partie visible commence vers le titre de la *Litanie.* Cartouches et vautours (cf. Bel., 2) ; à D. et à G., discours au roi (2 et 3).

DEUXIÈME CORRIDOR

Porte. — *Litanie* (8 et 9. — Nav., pl. 7, l. 79, à pl. 10, l. 14 .

Paroi G. — Partie supérieure : trente-sept personnages de la *Litanie*, dont les trente et un premiers dans une niche (cf. Ch., *Not.*, 427-8), deux Tat, et Anubis en chacal sur un naos. Partie inférieure : texte initial de la quatrième heure de l'*Amtuat*, et Isis à genoux sur le signe de l'or et les mains sur le sceau (15-17).

Paroi D. — Disposition identique, avec trente-sept autres personnages de la *Litanie* (cf. Ch., *Not.*, 429-430), deux Ti au lieu de deux Tat, et Nephthys au lieu d'Isis (18-20).

Plafond. — Chapitre final de la *Litanie* (14).

TROISIÈME CORRIDOR

Porte. — Premier bandeau. Mat aux ailes étendues ; des deux côtés, cartouches. Second bandeau. Deux cartouches sur le signe de l'or, entourés par les ailes de deux Mat à genoux sur le signe de l'or (Bel., 3). — Jambages. Ex., cartouches. M. D., esquisse d'un cynocéphale (21). I. G., début de la cinquième heure de l'*Amtuat* (26). I. D., texte initial de la quatrième heure de l'*Amtuat* (22).

Paroi G. — Cinquième heure de l'*Amtuat* (26-29. — Ch., *Not.*, 769-5).

Paroi D. — Fin du texte initial de la quatrième heure de l'*Amtuat* (22); quatrième heure de l'*Amtuat* (23-25. — Ch., *Not.*, 758-764 ; cf. pour les scènes Ch., *Mon.*, 249).

PREMIÈRE PETITE SALLE

Porte. — Bandeau. Le disque ailé. — Jambages. Ex., cartouches (30).

Paroi d'E. — A G., un chacal dans un naos sur un naos. Á D., le roi entre Hathor et Horus (31).

Paroi G. — Le roi entre Horus et Isis (Lep., 134, *b)* ; le roi offrant le vin à Hathor coiffée en Amenti ; le roi devant Osiris debout (32).

Paroi D. — Le roi entre Horus et Isis ; le roi offrant le vin à Hathor coiffée du disque à cornes ; le roi devant Osiris debout (33).

Paroi du F. — A G., déesse en Amenti seulement peinte ; lacune. A D., lacune ; Osiris assis, suivi d'Anubis et d'Horus (34).

DEUXIÈME PARTIE

SALLE A QUATRE PILIERS

Paroi d'E. G., paroi G., et paroi du F., à G. — Le battant de porte du serpent Tek-her, et quatrième division du *Livre de l'Enfer* ; la porte Neb-hau de la cinquième division du même livre (4-8. — Bel., 6-8 ; Ch., *Not.*, 770-3, et *Mon.*, 238, 239, et 241, 1 et 2 ; Ros., I, 155-6 et 160; Lep., 136 *a*, et 135).

Paroi d'E. D., paroi D., et paroi du F., à D. — Battant de porte du serpent Set-em-ar-t-ef, et cinquième division du *Livre de l'Enfer* (10-14. — Ch., *Not.*, 770, 775, 774 et 773).

Paroi du F. M. — Dans un naos, le roi suivi d'Horus, devant Osiris assis et suivi d'Hathor; autour du naos, éloges du roi (9. — Bel., 19; Ch., *Mon.*, 250; Ros., 59).

Piliers. — Premier pilier de G. — E., le roi et Ptah; G., le roi et Horus; F., le roi et Anubis (Ch., *Mon.*, 242, 4). D., le roi et la déesse Set-Amenti (2).

Second pilier de G. — E., le roi et Harkhuti; G., le roi et Shu; F., le roi et Serek; D. (Ch., *Mon.*, 242, 3), le roi et Isis (3).

Premier pilier de D. — E., le roi et un dieu détruit (Thoth; cf. Ch., *Not.*, p. 433); G., le roi et Hathor; F., le roi et Horus (Ch., *Mon.*, 242, 1); D., le roi et Anubis (1).

Second pilier de D. — E., le roi et Tum; G., le roi et Nephthys; F., le roi et Nit (Ch., *Mon.*, 242, 2); D., le roi et Ptah-Sakar-Osiris (1 et 2).

SALLE A QUATRE PILIERS. — CHAMBRE ANNEXE

Porte. — Premiers jambages. M., suite de la cinquième division du *Livre de l'Enfer* (14). — Seconds jambages. M. à G., début de la neuvième heure de l'*Amtuat* (15); à D., début de la onzième heure de l'*Amtuat* (23).

Paroi d'E. G. — Suite de la neuvième heure de l'*Amtuat* (15).

Paroi G. — Fin de la neuvième heure de l'*Amtuat* (16-18. — Ch., *Not.*, 777-782),

Paroi du F. — Dixième heure de l'*Amtuat* (19-21. — Ch., *Not.*, 782-5).

Paroi d'E. D. — Suite de la onzième heure de l'*Amtuat* (23-24. — Ch., *Not.*, 791-789).

Paroi D. — Fin des onzième et dixième heures de l'*Amtuat* (25, 26 et 22. — Ch., *Not.*, 788-785).

Piliers. — Pilier d'E. — E., le roi et Nefer-Tum ; G., le roi et Harkhuti ; F., le roi et Mat ; D., le roi et Tum (27. — Cf. Lep., 133).

Pilier du F. — E., le roi et Mat ; G., le roi et Osiris (cf. Prisse d'Avennes, *l'Art égyptien*, planches) ; F., le roi et Hathor ; D., le roi et Sakar (28).

TROISIÈME PARTIE

DESCENTE

Rien.

QUATRIÈME CORRIDOR

Porte. — A D., sorte de pilier non décoré tenant à la paroi. — Jambages. Quelques restes à G. (1) et à D. (13) de la partie intérieure. En 1829, le milieu était occupé, à G., par la scène du roi devant Hathor qui est au musée de Florence (Appendice, 1. — Ros. 58) ; et à D. par la scène analogue qui est au musée du Louvre (Appendice, 1. — Bel., 18 ; et Ch., *Mon.*, 251, 2).

Paroi G. — Le roi assis devant un autel chargé de feuilles droites, et l'Anmatef représenté deux fois, en haut tourné vers le fond, et en bas tourné vers le roi (1. — Ch., *Mon.*, 237, 2 ; Ros., 64, 2 ; cf. Bel., I). Le *Livre de l'Ap-ro* (2, 3. — Sch., 50-3).

Paroi D. — Fin du *Livre de l'Ap-ro* et listes d'offrandes (11-13. — Sch., 63-70).

CINQUIÈME CORRIDOR

Porte. — Bandeau Ex., le disque ailé. — Jambages. M. à G., le *Livre de l'Ap-ro* (4. — Sch., 54); à D., le *Livre de l'Ap-ro* (10.— Sch., 62-3).

Paroi G. — Partie supérieure (dans la niche et fin de la paroi) ; le *Livre de l'Ap-ro* (5-7. — Sch., 55-8); partie inférieure (sous la niche et fin de la paroi) : urœus tourné vers le fond du tombeau et entourant de ses ailes les deux cartouches, et listes d'offrandes (5-7).

Paroi D. — Même disposition ; partie supérieure : le *Livre de l'Ap-ro* (7-9. — Sch., 58-61) ; partie inférieure : l'urœus et la liste d'offrandes (7-9. — Pour les scènes de l'*Ap-ro*, cf. Ch., *Mon.*, 243-8; Ros., 60-4; et Bel., 13).

SECONDE PETITE SALLE

Porte. — Bandeau Ex., disque ailé. — Premiers jambages. Ex., cartouches ; M. à G., Mat ; à D., détruit (Mat, d'après Bel., 17. — Cf. Appendice, 2). Seconds jambages ; M. à G., Nekheb ; à D., Uadji (14, et Appendice, 2. — Bel., 17). — Bandeau I., cartouches (15).

Paroi d'E. — A G., le roi et Hathor en Amenti (15).

Paroi G. — Le roi et Anubis ; le roi offrant le vin à Isis ; le roi et Horus ; le roi offrant le vin à Hathor en Amenti ; le roi devant Osiris debout (16).

Paroi D. — Le roi et Anubis ; le roi offrant le vin à Isis ; le roi et Horus ; le roi offrant le vin à Hathor ; le roi devant Osiris debout (17).

Paroi du F. — A G., Ptah en naos. A D., Nefer-Tum et un grand Ti (18).

QUATRIÈME PARTIE

GRANDE SALLE (AVANT LA VOUTE)

Porte. — Bandeau I., Nut ailée et cartouches. — Premiers jambages. M. G., reste de déesse; D., détruit (Mat, d'après Bel., 17. — Cf. Appendice, 2). Seconds jambages. M. G., Nekheb; D., Uadji (Appendice, 2. — Bel., 17).

Paroi d'E. G. et paroi G. — Battant de porte du serpent Saa-set, et première division du *Livre de l'Enfer* (cf. Ch., *Not.*, 792-3 et 793-5); battant de porte du serpent Tck-her, et commencement de la quatrième division du *Livre de l'Enfer* (2-5. — Cf. Appendice 3, et Lep., 136, *d*).

Paroi d'E. D. et paroi D. — Battant de porte du serpent Akebi, et deuxième division du *Livre de l'Enfer* (11-14).

Piliers. — Premier pilier de G. — E., l'*Anmatef* (Ros., 64, 3); G., le roi et Ptah-Sakar-Osiris; F., le roi et Seb (Ch., *Mon.*, 251, 3); D., lycocéphale à genoux sur un support (19).

Deuxième pilier de G. — E., reste de la légende d'Osiris (Lep., 136, *c;* et Appendice, 3); G. le roi et Anubis criocéphale; F., le roi et Khepra cantharocéphale; D. lycocéphale à genoux sur un support (19-20).

Troisième pilier de G. — E., le roi et Osiris; G., le roi et Thoth; F., le roi et Horus ; D., lycocéphale à genoux sur un support (20).

Premier pilier de D. — E., l'*Anmatef*, presque détruit; G., détruit; F., le roi et Shu; D., le roi et Raharkhuti (21).

Deuxième pilier de D. — Détruit (21. — Un fragment de la paroi du fond de ce pilier est désigné à tort, à la pl. 21, comme appartenant au premier pilier de droite).

Troisième pilier de D. — E., le roi et Harkhuti; G., hiéracocéphale à genoux sur un support; F., le roi et Osiris debout; D., le roi et Anubis (22).

GRANDE SALLE (SOUS LA VOUTE)

Paroi G. — En haut, Isis ailée (23). Dessous, début du résumé initial de l'*Amtuat;* sous ce résumé, le roi offrant le vin à Harkhuti dans un naos à disque ailé, et première heure de l'*Amtuat* (24-26. — Cf. Ch., *Not.*, 436-440, et 798-802; Lep., 135, *c*, *d*, *e*, *f*). — Niche. — Paroi G. Premier registre : fin de la première heure de l'*Amtuat;* second registre : les quatre génies des canopes sur un support. Paroi du F., Osiris debout. Paroi de D., Anubis faisant l'*Ap-ro* à l'Osiris de la paroi du F. (27).

Paroi du F. — Suite du résumé de l'*Amtuat*, et dessous, deuxième heure de l'*Amtuat* (28-29).

Paroi D. — En haut, Nephthys ailée (23), dessous, suite du résumé de l'*Amtuat*, et, sous ce résumé, troisième heure de l'*Amtuat* (32-34).

Paroi d'E. — Suite du résumé de l'*Amtuat* (35).

GRANDE SALLE (VOUTE)

En deux parties. Du côté de l'entrée, la figuration du ciel égyptien qui a au centre l'hippopotame debout supportant un crocodile; du côté du fond, les décans (36. — Bel., supplément, 3; Ros., 69; Lep., 137).

GRANDE SALLE. PREMIÈRE CHAMBRE ANNEXE DE GAUCHE

Porte. — Jambages. M. G., le roi suivi de son Ka à devise d'enseigne; M. D., le roi offrant l'huile (6).

Parois. — Battant de porte du serpent Djetbi, et troisième division du *Livre de l'Enfer;* les momies couchées y sont noires (7-10).

GRANDE SALLE. SECONDE CHAMBRE ANNEXE DE GAUCHE

Porte. — Premiers jambages. M. G., détruit; M. D., reste d'Hathòr. Seconds jambages. M. G., Uadji à couronne double; M. D., Nekheb (38). — Bandeau I., cartouches et enseigne du roi entre les plantes du Nord et du Sud (38. — Bel., 2).

Paroi d'E. G. — Début de la septième heure de l'*Amtuat;* dessous, six Tat et quatre Ti (43).

Paroi G. — Fin de la septième heure de l'*Amtuat ;* sous la corniche ligne horizontale de texte; et, entre trois petits piliers, dont le premier avec Tat et le second avec cartouche : cassure, reste d'un lit, reste du coussin rouge d'un lit, quatre petits coffres à deux plumes d'autruche et un reste du coussin d'un lit à tête de lion (44-46).

Paroi d'E. D. — Commencement de la sixième heure de l'*Amtuat;* dessous, cassure, puis quatre Tat et trois Ti (39).

Paroi D. — Suite de la sixième heure de l'*Amtuat;* au-dessous de la corniche, ligne horizontale de texte, et, entre quatre piliers dont le dernier à cartouche, restes d'un lit à tête de lion, d'un autre lit, de quatre coffrets à plumes d'autruche, et d'un lit à tête de lion (40-42).

Paroi du F. — Huitième heure de l'*Amtuat* et fin de la sixième heure; sous la corniche, ligne horizontale de texte; et, entre cinq piliers dont quatre à cartouches, restes de quatre coffrets, d'un lit à tête d'hippopotame, d'un lit semblable et de quatre coffrets (47-49).

Piliers. — Pilier de G. — E., rien; G., le roi et Osiris debout; F., Osiris assis; D., Osiris debout (50. — Cf. Appendice, 3; et Bel., 5). Pilier de D. — E., Osiris debout; G., reste d'Osiris assis ; F., caché, ce qui reste du pilier étant couché par terre; D., reste du roi (50). — Dans cette planche, la face de D. est indiquée à tort comme face du F.

GRANDE SALLE. PREMIÈRE CHAMBRE ANNEXE DE DROITE

Porte. — Jambages. G., rien ; D., reste du roi et d'un coffre à deux plumes d'autruche. — Bandeau I., disque ailé (15).

Parois. — Le texte de la Vache, ou, comme on l'appelle aussi, de la *Destruction des hommes* (15-18. — Naville, la *Destruction des hommes par les dieux;* cf. de Bergmann, *Hieroglyphische Inschriften*, III, 75-82 ; et Ch., *Mon.*, 241, 3).

GRANDE SALLE. SECONDE CHAMBRE ANNEXE DE DROITE

Porte. — Au-dessus, à droite, en hiéroglyphes : *Chambre du Tat.* Jambages. M., des deux côtés, un Tat personnifié. (37. — Cette chambre est indiquée à tort, à la pl. 37, comme étant à gauche de la grande salle.)

Parois. — Rien.

GRANDE SALLE. CHAMBRE ANNEXE DU FOND

Porte, Parois et Piliers. — Rien.

Si l'on étudie sur le plan la description qu'on vient de lire et les planches qui vont suivre, on verra que le but poursuivi ici a été la publication intégrale de l'hypogée : c'est la première fois qu'un grand monument égyptien se trouvera mis au jour tout entier. La comparaison des diverses tombes royales entre elles montrera par la suite combien il est utile d'avoir ainsi sous la main un ou deux exemplaires types, pour y ramener les concordances ou les dissemblances observées, de même qu'on ramène au *Todtenbuch* publié par le Dr Lepsius les différentes versions du *Livre des Morts*. Cette comparaison révélera ici, et ce sera l'un de ses résultats les plus importants, dans quelle mesure la loi du changement s'imposait à l'Égypte, non seulement dans le plan et la décoration des monuments, mais encore dans la composition des livres sacrés eux-mêmes. La succession presque ininterrompue des tombes royales fournit, sur ce sujet, les documents les plus suivis et les plus précis que l'on possède.

FIN DE L'INTRODUCTION

TABLE DES MATIÈRES

DE LA PREMIÈRE DIVISION

LYON. — IMPRIMERIE PITRAT AINÉ, RUE GENTIL, 4

PREMIÈRE PARTIE

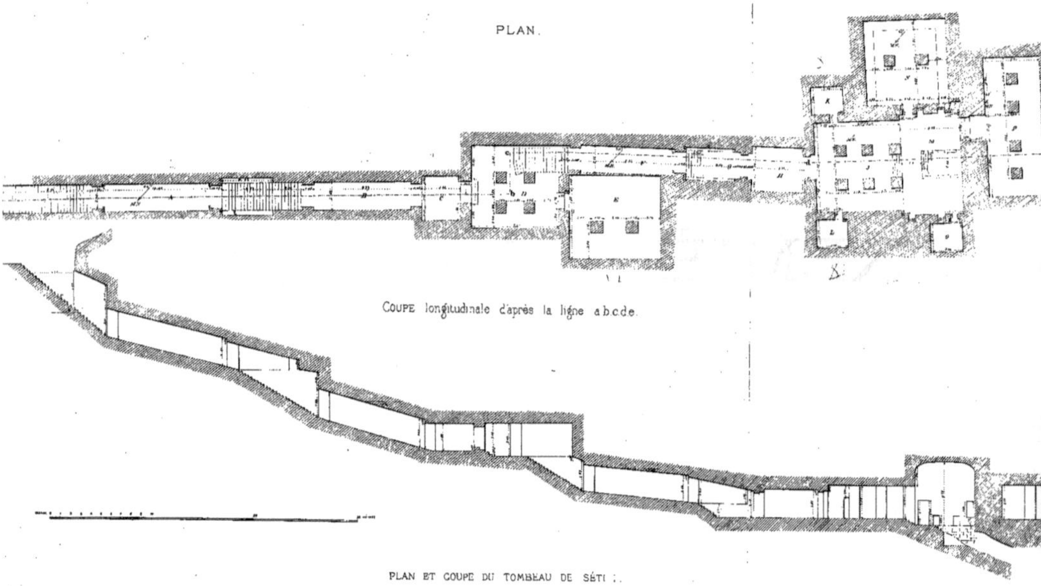

PLAN ET COUPE DU TOMBEAU DE SÉTI I.

PL. I.

PREMIER CORRIDOR. — PORTE.

JAMBAGES-INTÉRIEUR.

Imp. sur Zinc. Monrocq, Paris

Ch. CHÉDIAC, del. & Aut.

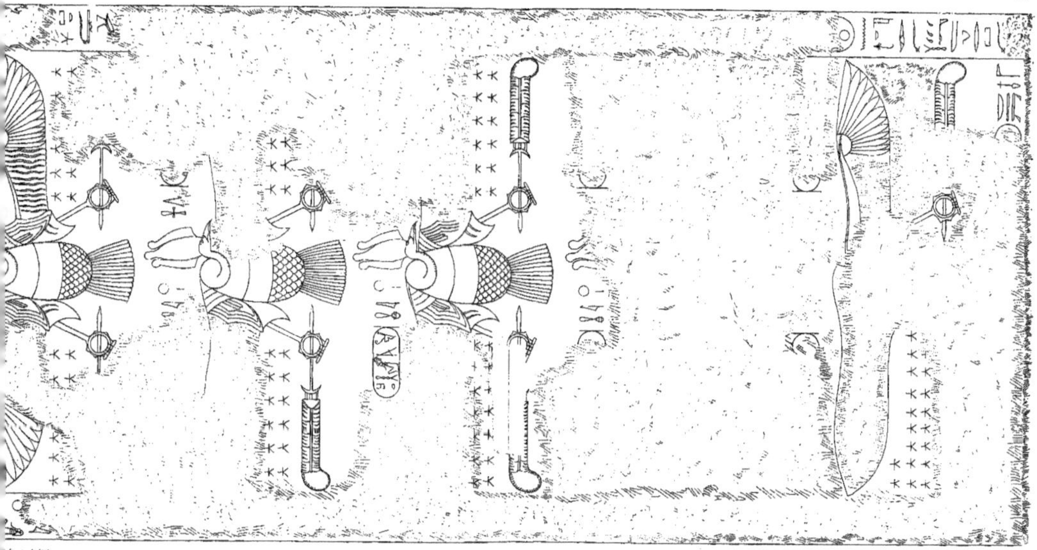

rdoine, Autog. Imp. Monrocq, Paris.

PREMIER CORRIDOR. — PLAFOND.

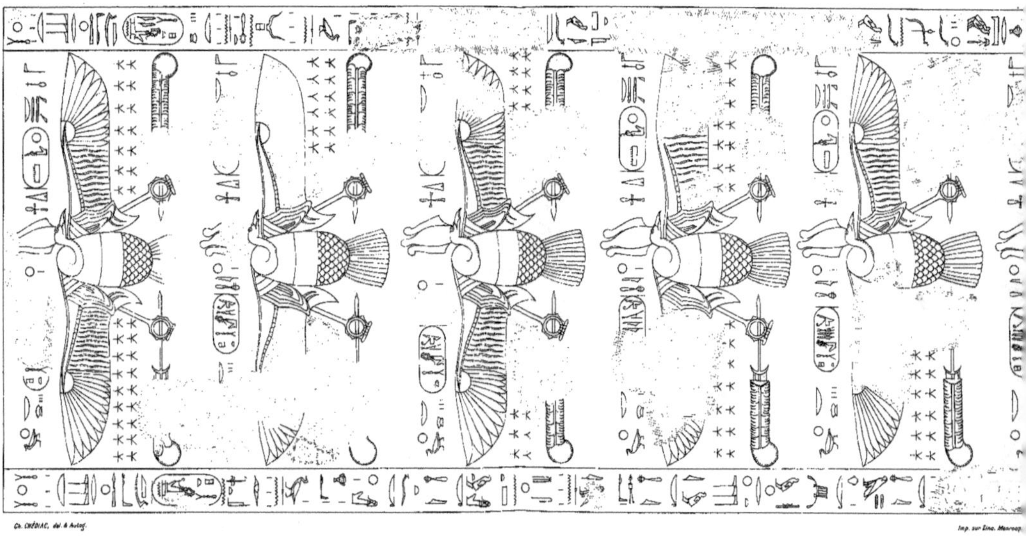

Ch. CHÉDIAC, del. & Autog. Imp. sur Zinc. Monrocq

PREMIER CORRIDOR. — PLAFOND (fin).

Ch. CHÉDIAC, del. & Autog.

PREMIER CORRIDOR. — PAROI GAUCHE.

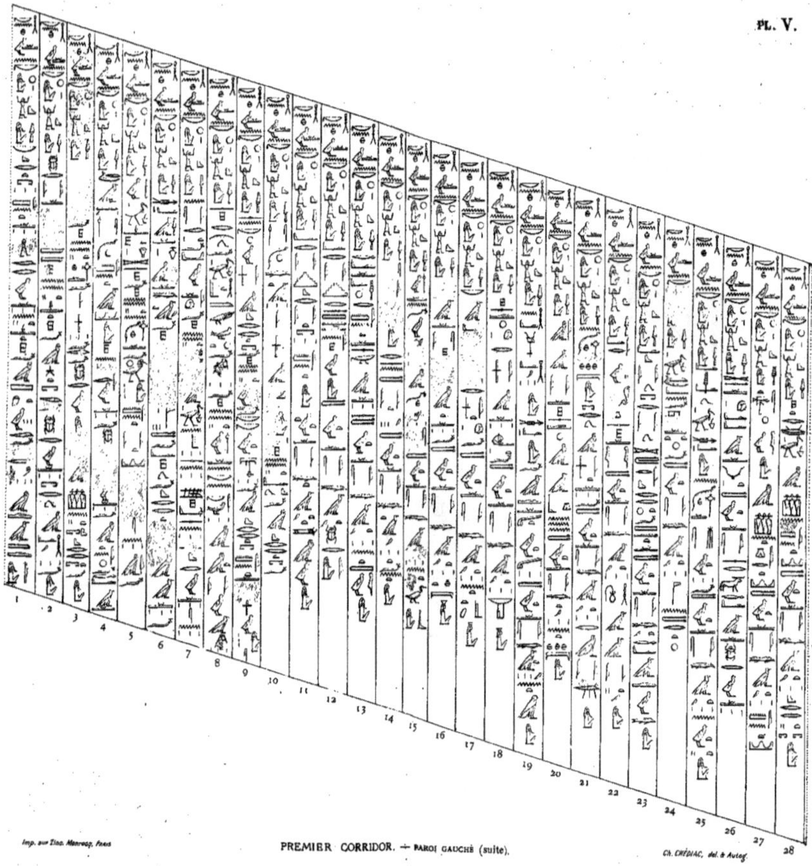

Imp. sur Zinc Monrocq, Paris

PREMIER CORRIDOR. — PAROI GAUCHE (suite).

Ch. CHÉDIAC, del. & Autog.

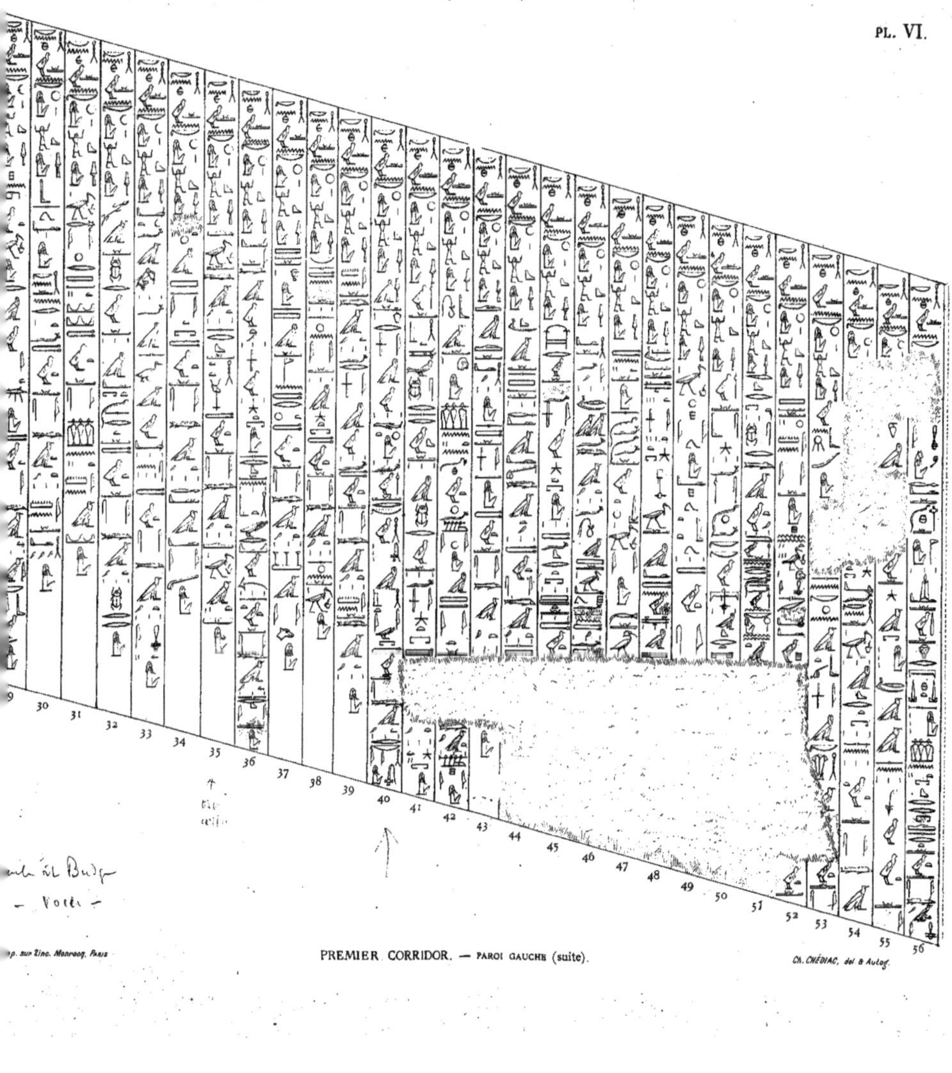

p. sur Zinc. Monrocq, Paris

PREMIER CORRIDOR. — PAROI GAUCHE (suite).

Ch. CHÉDIAC, del & Autog.

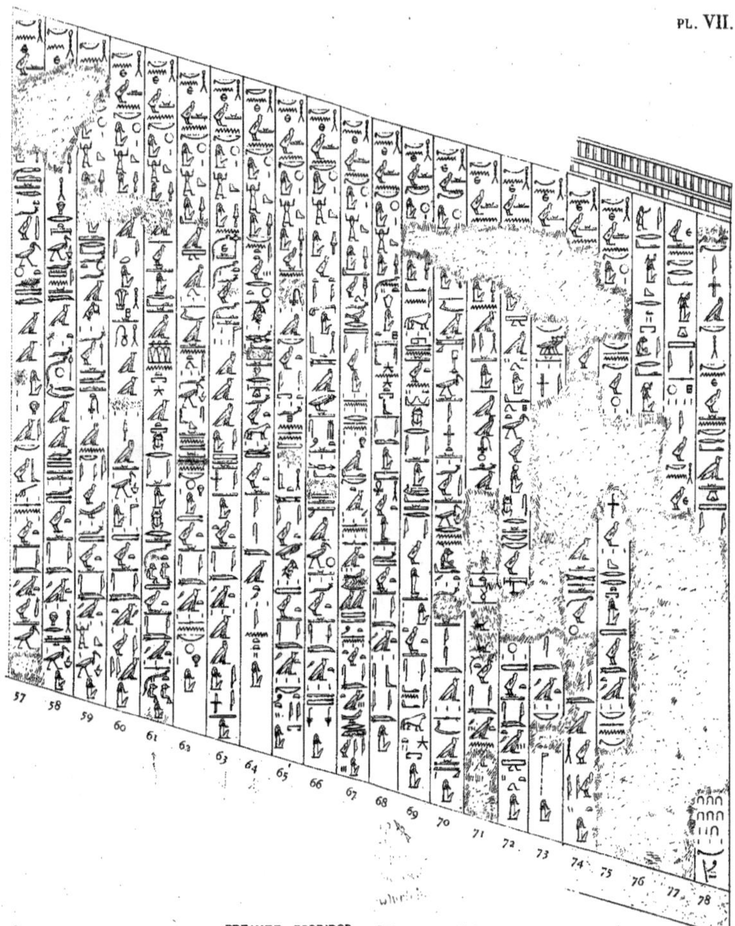

Imp. sur Zinc. Monrocq, Paris

PREMIER CORRIDOR. — PAROI GAUCHE (fin).

Ch. CHÉDIAC, del. & Autog.

EXTÉRIEUR

MILIEU.

INTÉRIEUR.

SECOND CORRIDOR. — PORTE;
JAMBAGE GAUCHE.

Imp. sur Zinc. Monrocq, Paris

Ch. CHÉDIAC, del. & Autog.

PL. IX.

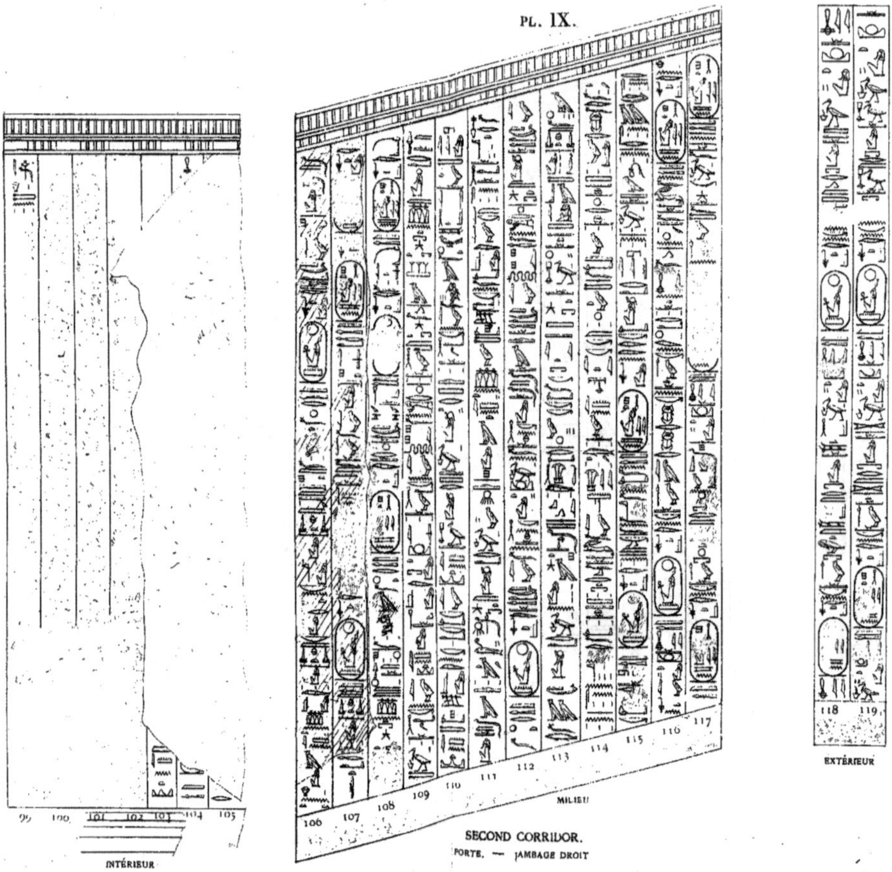

SECOND CORRIDOR.

PORTE. — JAMBAGE DROIT

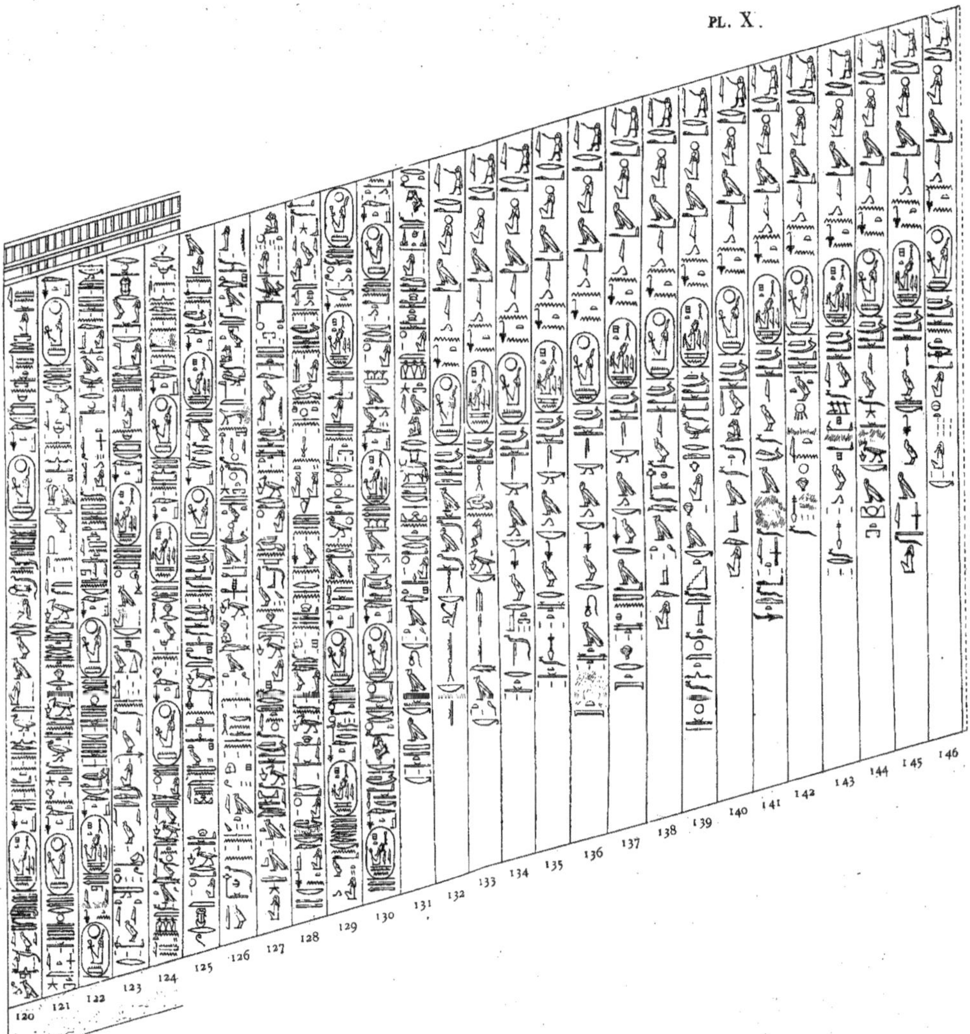

PREMIER CORRIDOR. — PAROI DROITE (fin).

Imp. sur Zinc. Monrocq, Paris

Ch. CHÉDIAC, del. & Autog.

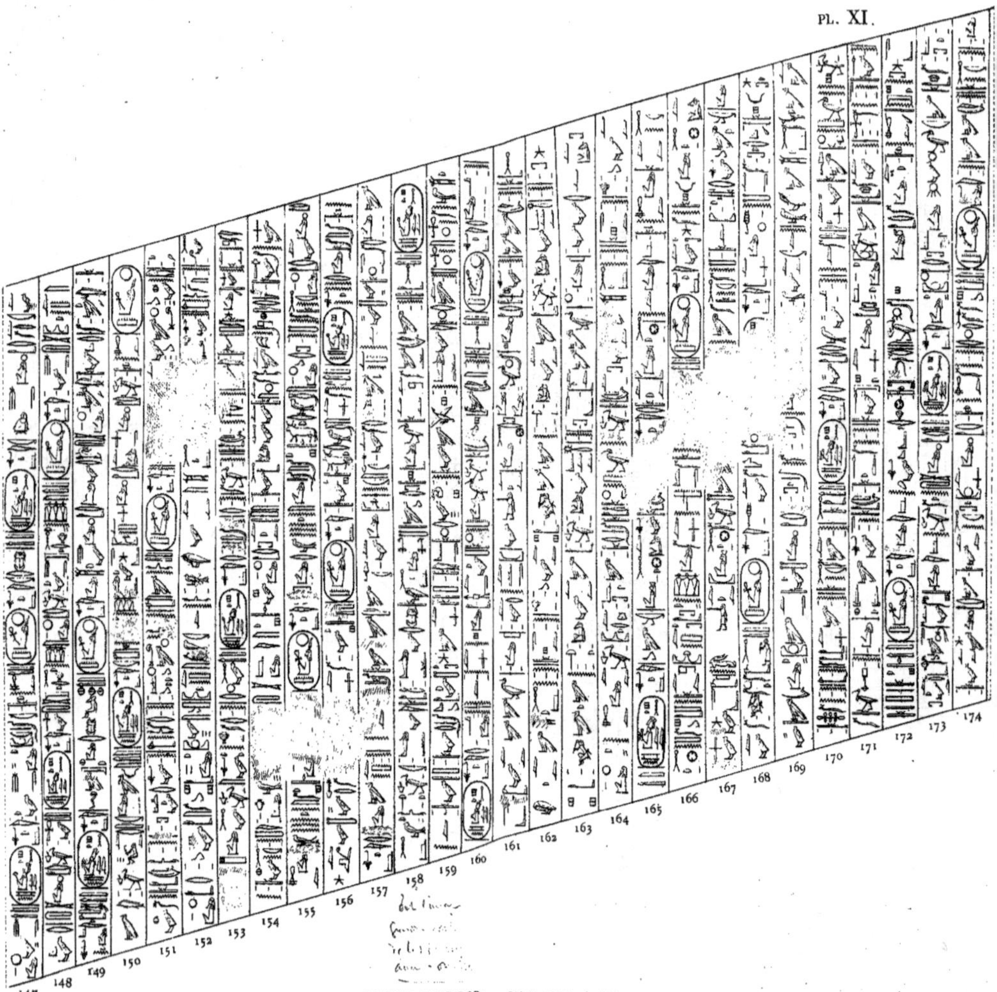

Imp. sur Zinc. Monrocq, Paris

PREMIER CORRIDOR. — PAROI DROITE (suite).

Ch. CHÉDIAC, del. & Autog.

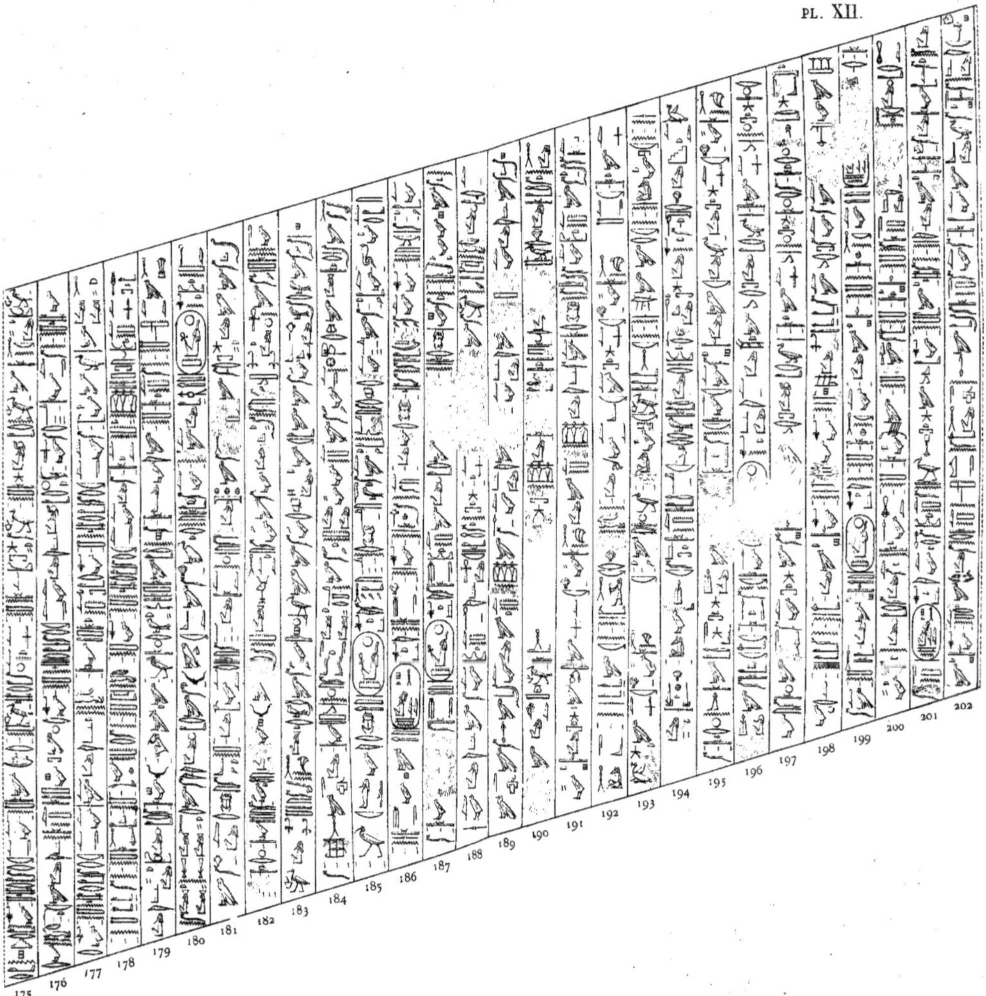

Imp. sur Zinc. Monrocq. Paris

PREMIER CORRIDOR. — PAROI DROITE (suite).

Ch. CHÉDIAC, del. & Autog.

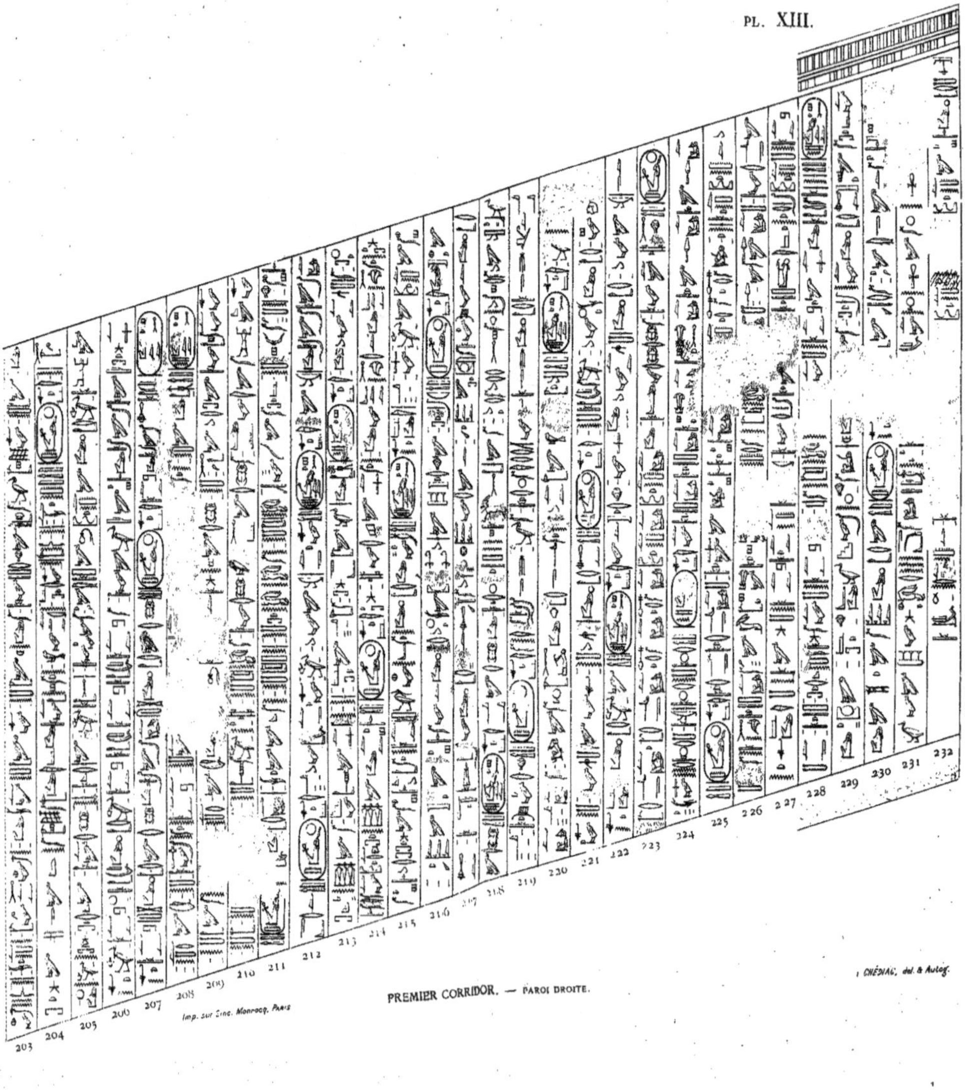

PREMIER CORRIDOR. — PAROI DROITE.

Imp. sur Zinc. Monrocq, Paris

CHÉDIAC, del. & Autog.

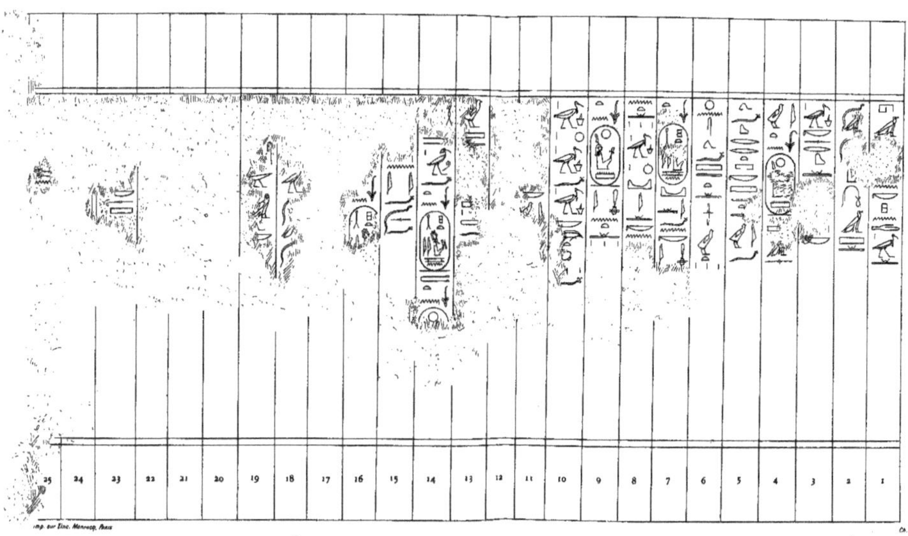

PLAFOND.

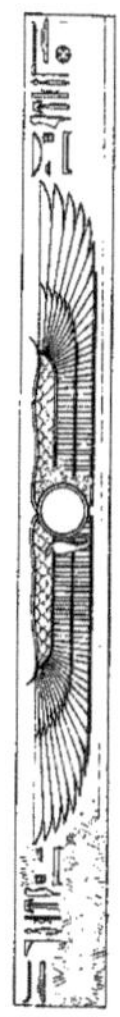

PORTE. — BANDEAU EXTÉRIEUR.

Imp. sur Zinc Monrocq, Paris

Ch. CHÉDIAC, del & Autogr.

SECOND CORRIDOR

SECOND CORRIDOR. — PAROI GAUCHE.

Ch. CHÉDIAC, del. & Autog.

Imp. sur Zinc. Monrocq, Paris

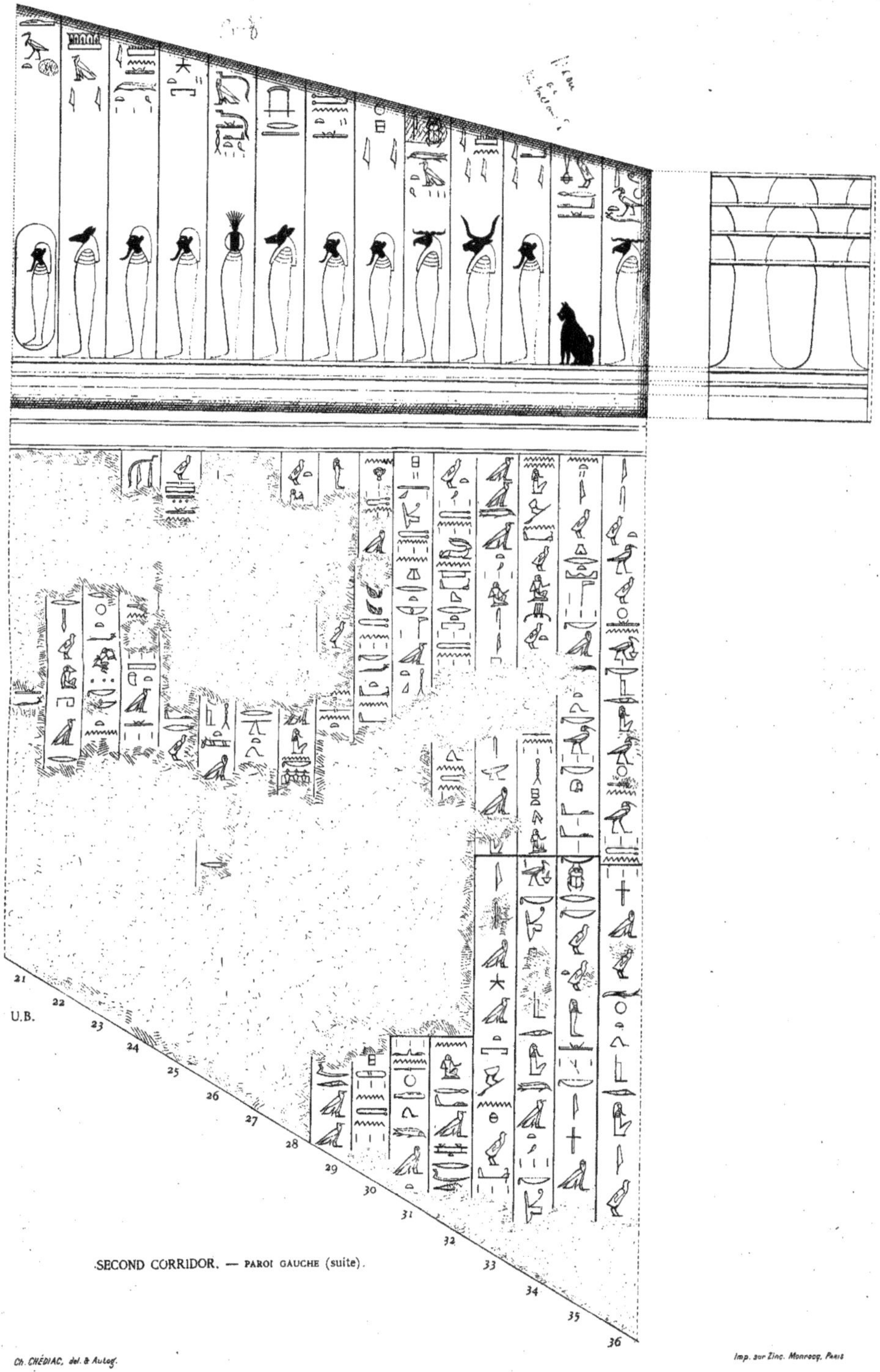

SECOND CORRIDOR. — PAROI GAUCHE (suite).

PL. XVI.

Ch. CHÉDIAC, del. & Autog.

Imp. sur Zinc. Monrocq, Paris

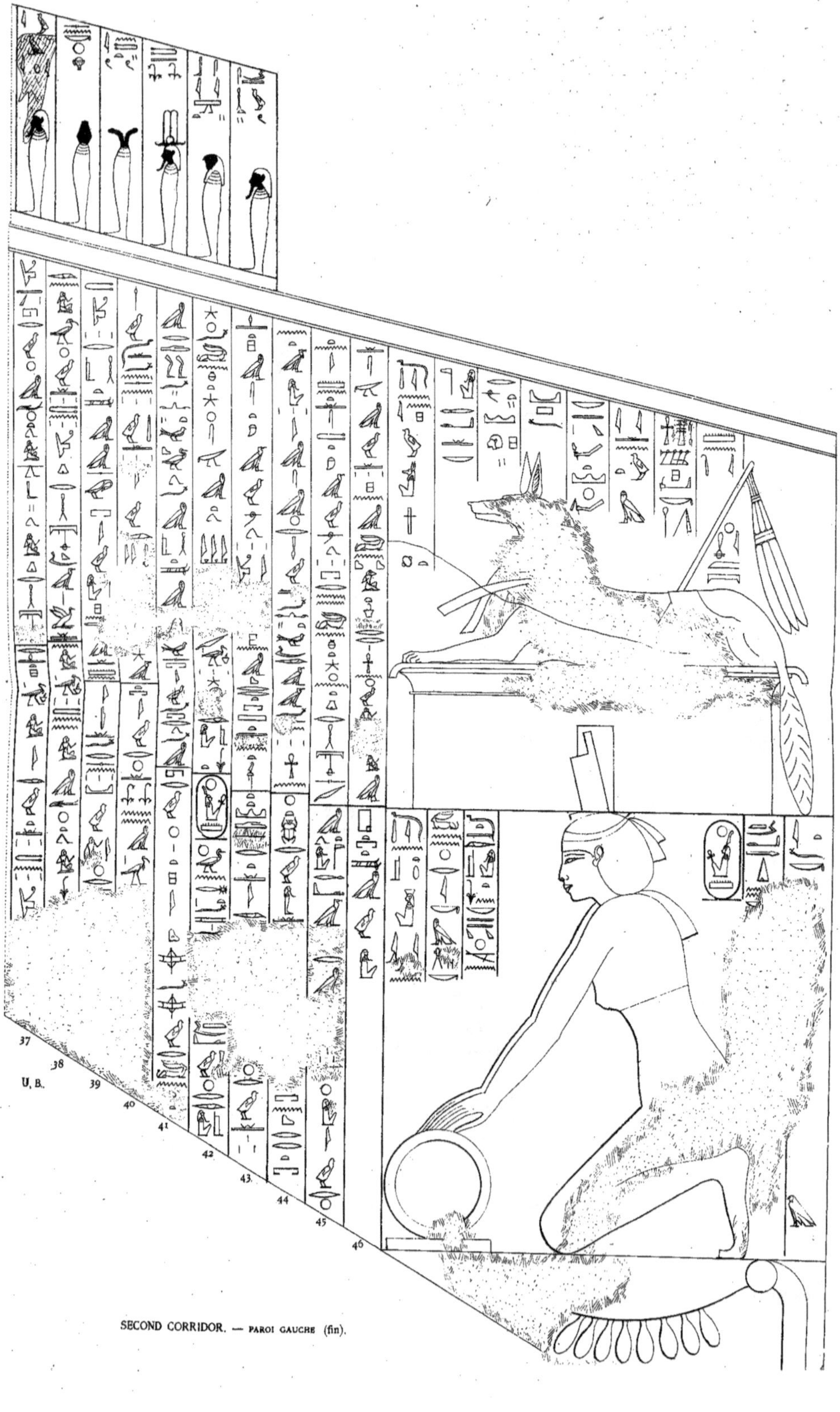

SECOND CORRIDOR. — PAROI GAUCHE (fin).

Imp. sur Zinc. Monrocq, Paris

SECOND CORRIDOR. — PAROI DROITE.

Ch. CHÉDIAC, del. & Autog.

PL. XVIII.

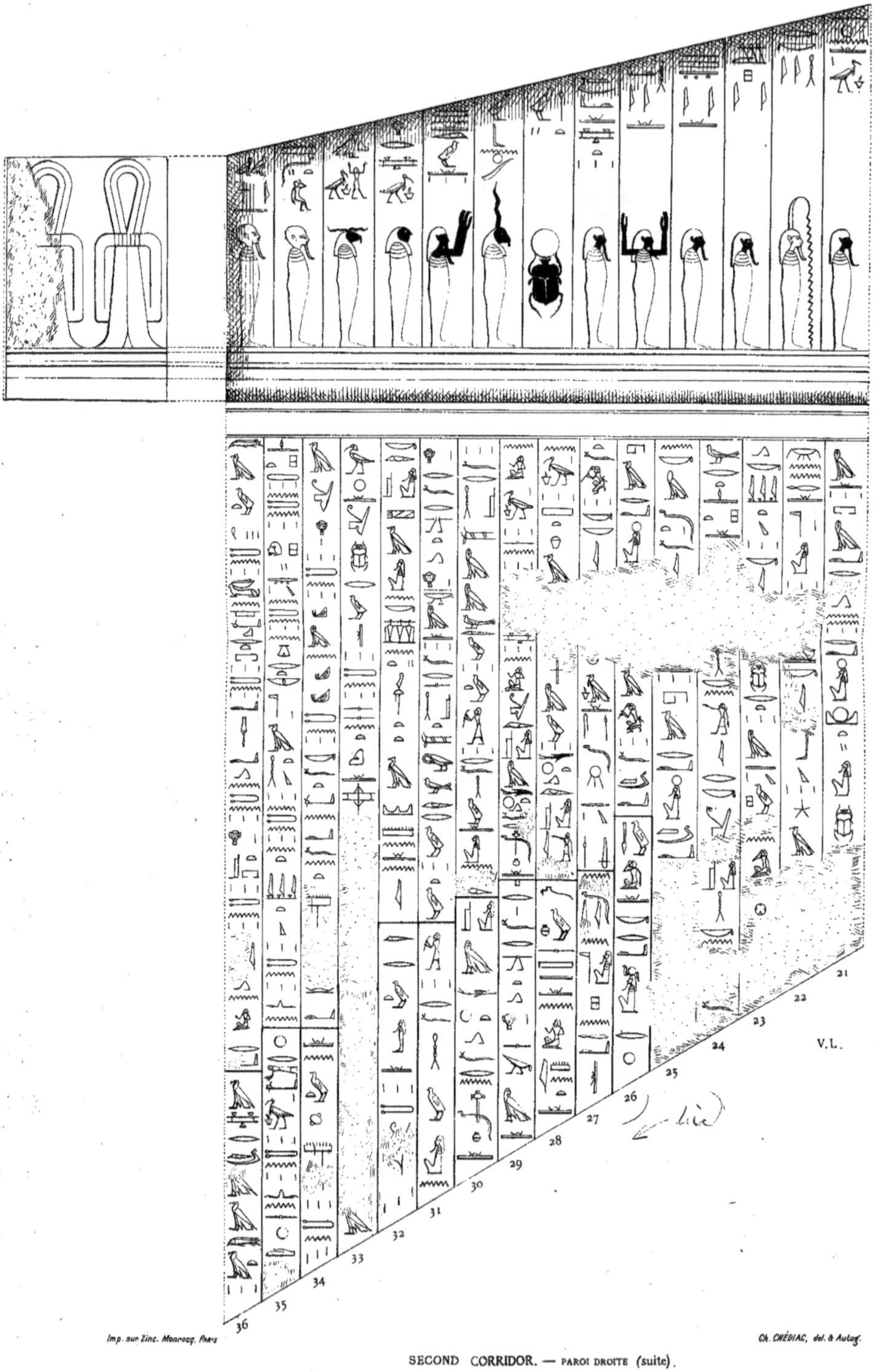

Imp. sur Zinc. Monrocq. Paris

Ch. CHÉDIAC, del. & Autog.

SECOND CORRIDOR. — PAROI DROITE (suite).

PL. XIX.

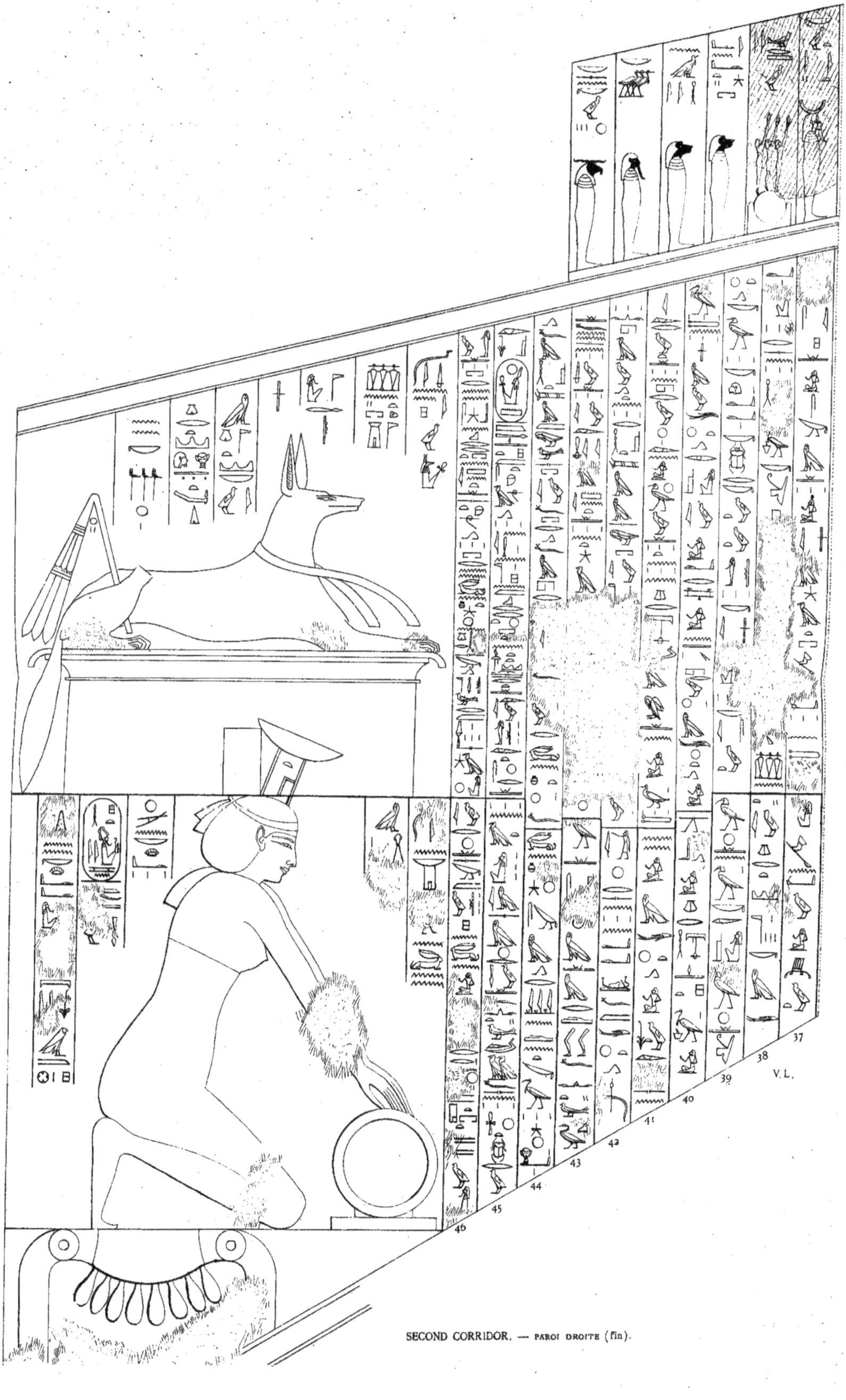

SECOND CORRIDOR. — PAROI DROITE (fin).

PL. XX.

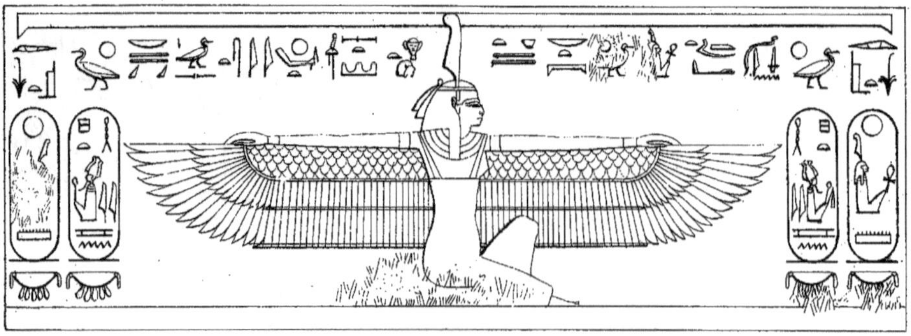

PREMIER BANDEAU
EXTÉRIEUR.

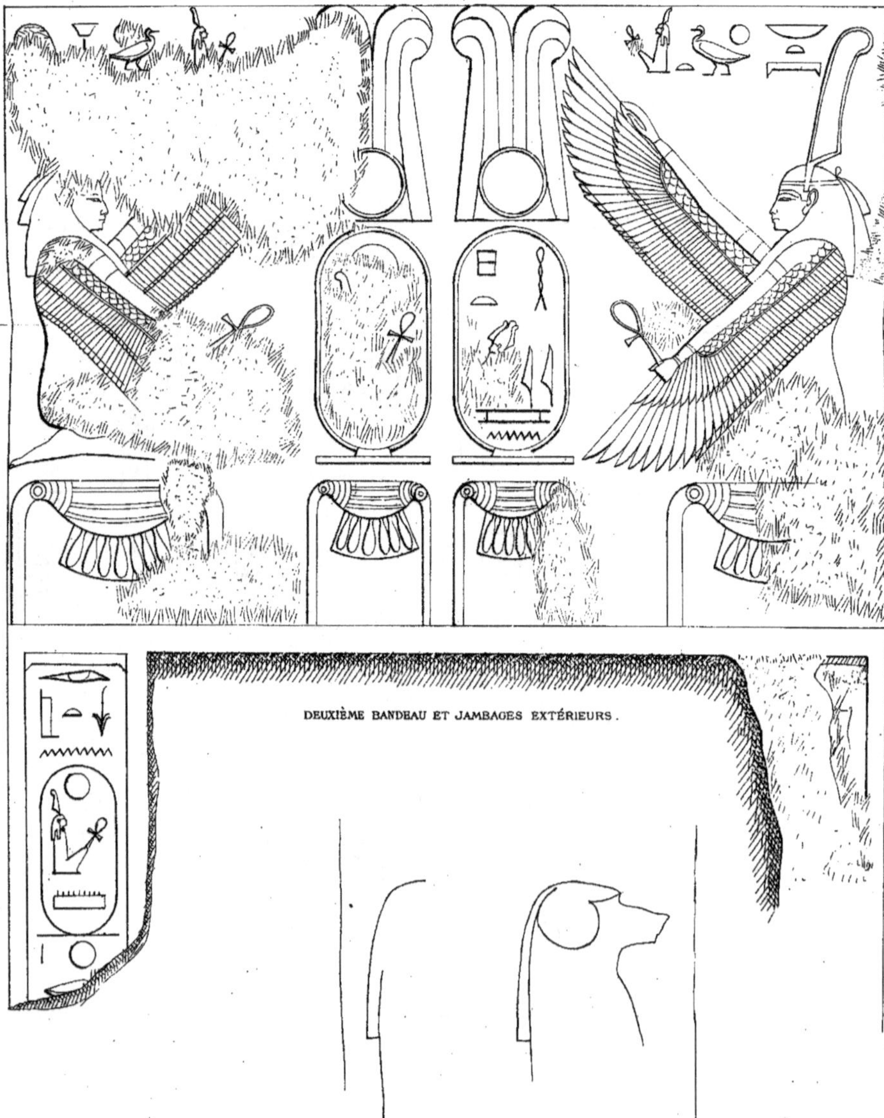

DEUXIÈME BANDEAU ET JAMBAGES EXTÉRIEURS.

Imp. sur Zinc. Monrocq, Paris

Ch. CHÉDIAC, del. & Autog.

JAMBAGE DROIT. — MILIEU.

TROISIÈME CORRIDOR. — PORTE.

PL. XXI.

PL. XXII.

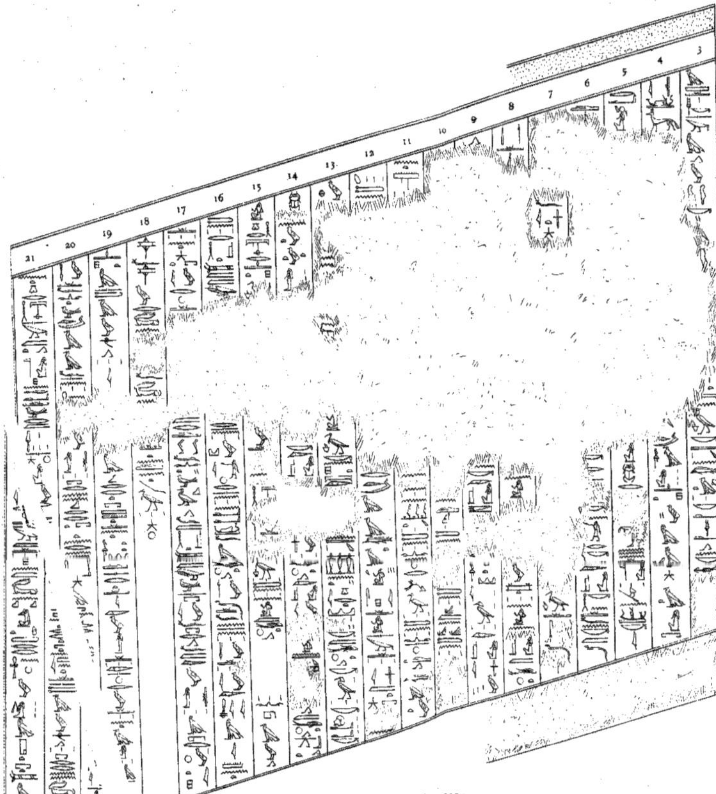

TROISIÈME CORRIDOR. — PAROI DROITE.

TROISIÈME CORRIDOR. — PORTE.

JAMBAGE DROIT; INTÉRIEUR.

Ch. CHÉDIAC, del. & Autog.

Imp. sur Zinc. Monrocq, Paris

4e heure de Daït (antichambre de Sokari)

PL. XXIII.

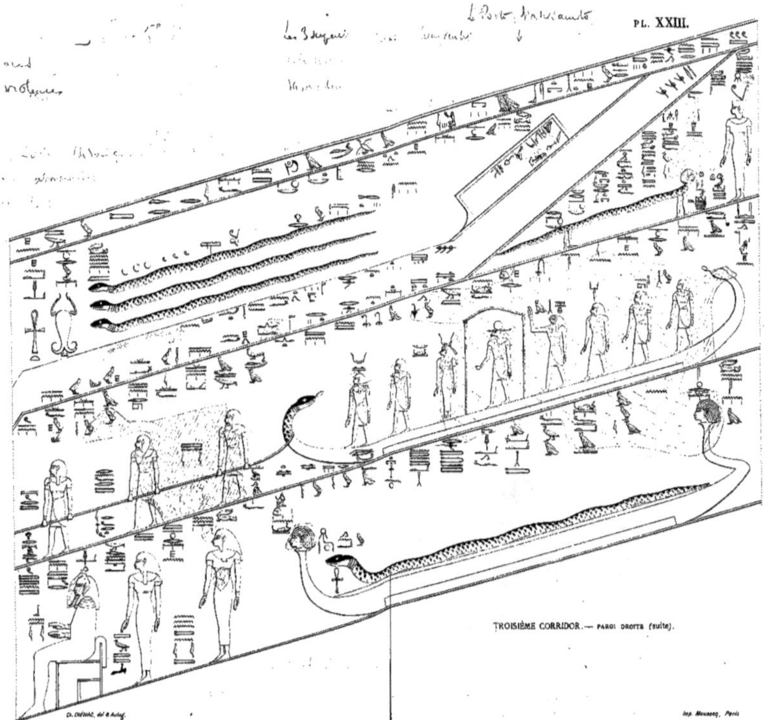

TROISIÈME CORRIDOR.— PAROI DROITE (suite).

Ch. CHÉDIAC, del & Autog.

Imp. Monrocq, Paris

PL. XXIV.

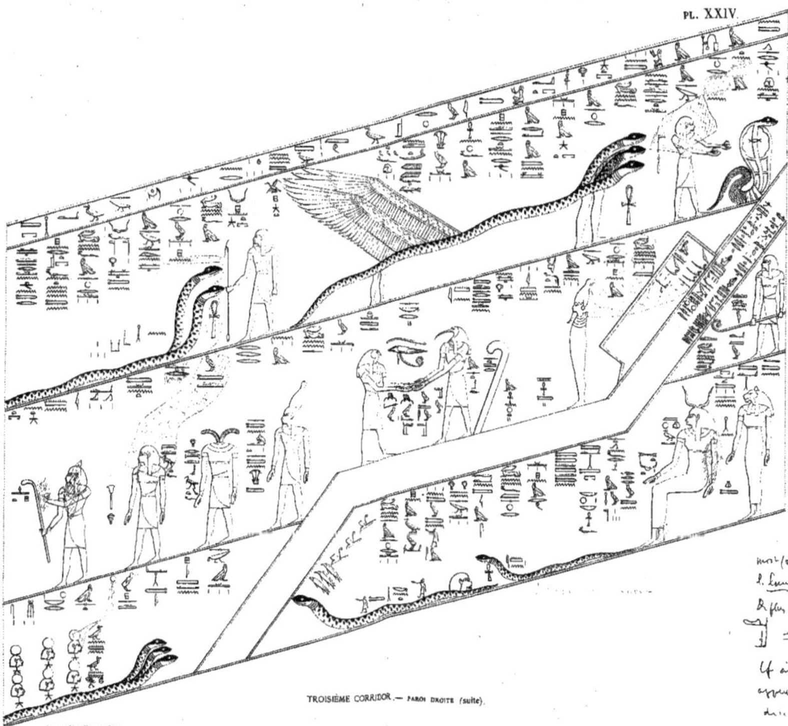

TROISIÈME CORRIDOR.— PAROI DROITE (suite).

Imp. sur Zinc. Moreau, Paris

Ch. Chédiac, del. & autog.

TROISIÈME CORRIDOR — PAROI DROITE¹ (fin).

Imp. sur Zinc. Monrocq, Paris

Ch. CHÉDIAC, del. & Autog.

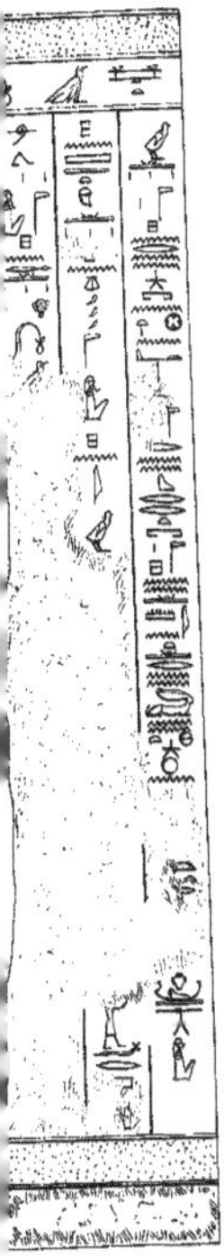

OISIÈME CORRIDOR. — PORTE.
JAMBAGE GAUCHE-INTÉRIEUR.

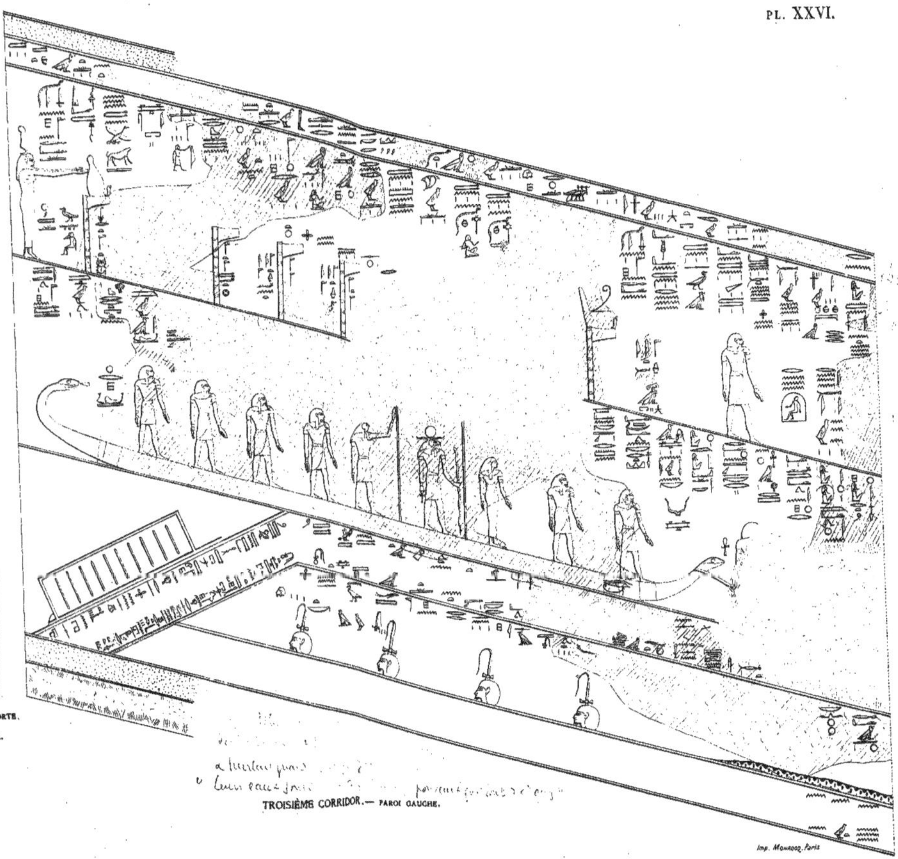

TROISIÈME CORRIDOR. — PAROI GAUCHE.

Ch. CHÉDIAC, del. & autog.

Imp. Monrocq, Paris

PL. XXVII.

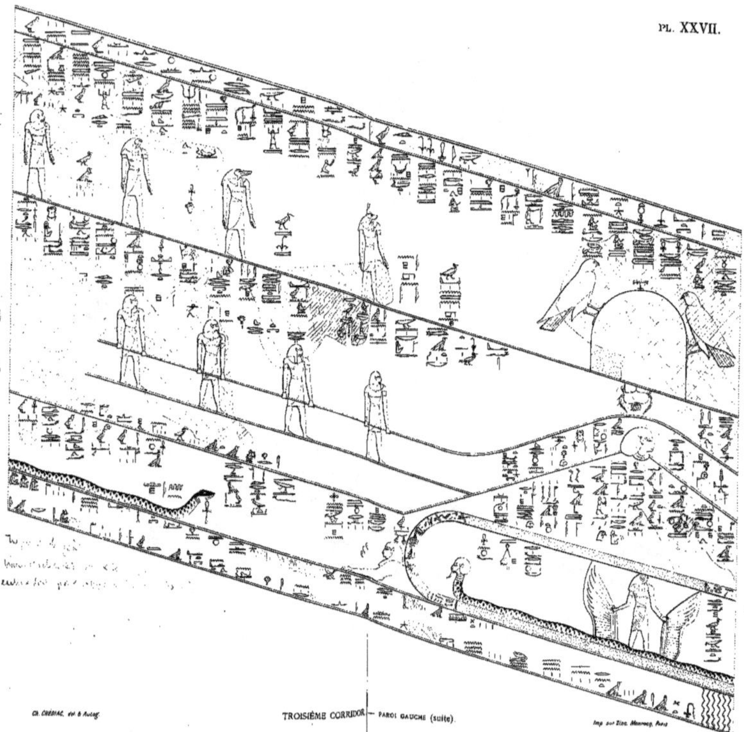

Ch. CHÉDIAC, del & Autog.

TROISIÈME CORRIDOR — PAROI GAUCHE (suite).

Imp. sur Zinc. Monrocq, Paris

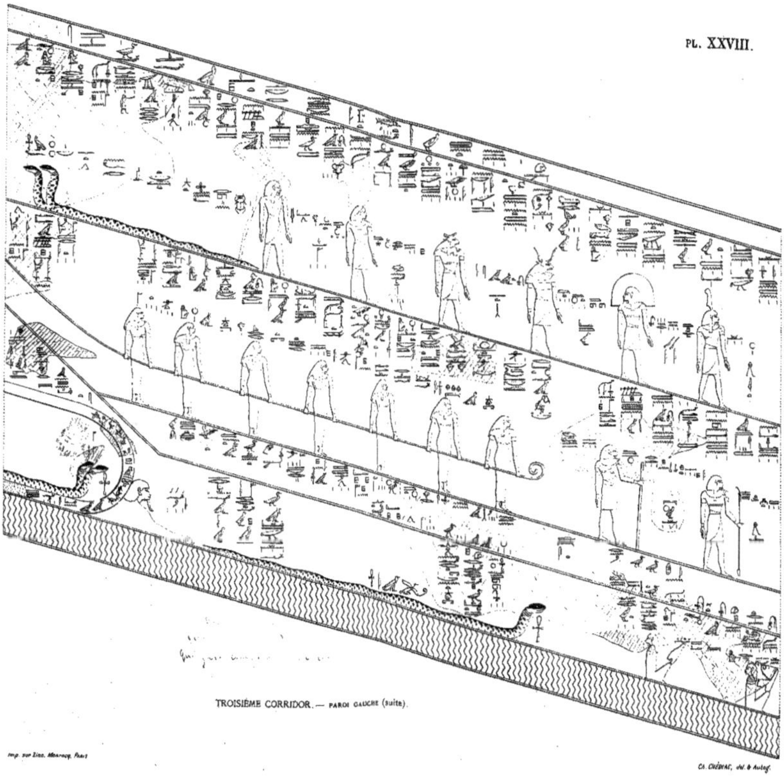

TROISIÈME CORRIDOR. — PAROI GAUCHE (suite).

Imp. sur Zinc. Monrocq, Paris

Ch. Chédiac, del. & Autog.

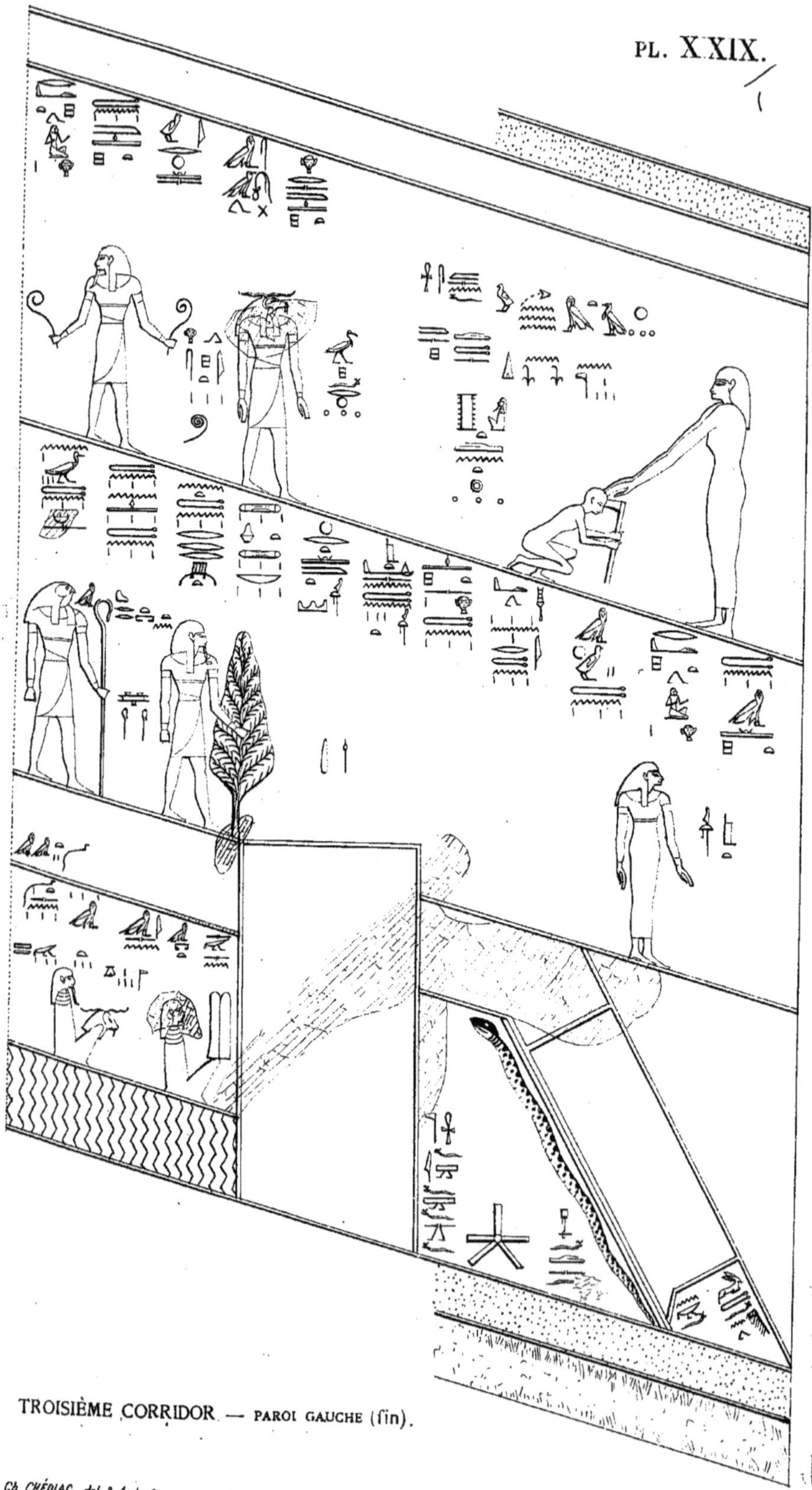

TROISIÈME CORRIDOR — PAROI GAUCHE (fin).

Ch. CHÉDIAC, del. & Autog.

Imp. sur Zinc. Monrocq, PARIS

PREMIÈRE PETITE SALLE. – PORTE.

BANDEAU ET JAMBAGES EXTÉRIEURS.

Imp. sur zinc Monrocq, Paris

Ch. CHEDIAC, del. & R.

PREMIÈRE PETITE SALLE. — PAROI D'ENTRÉE.

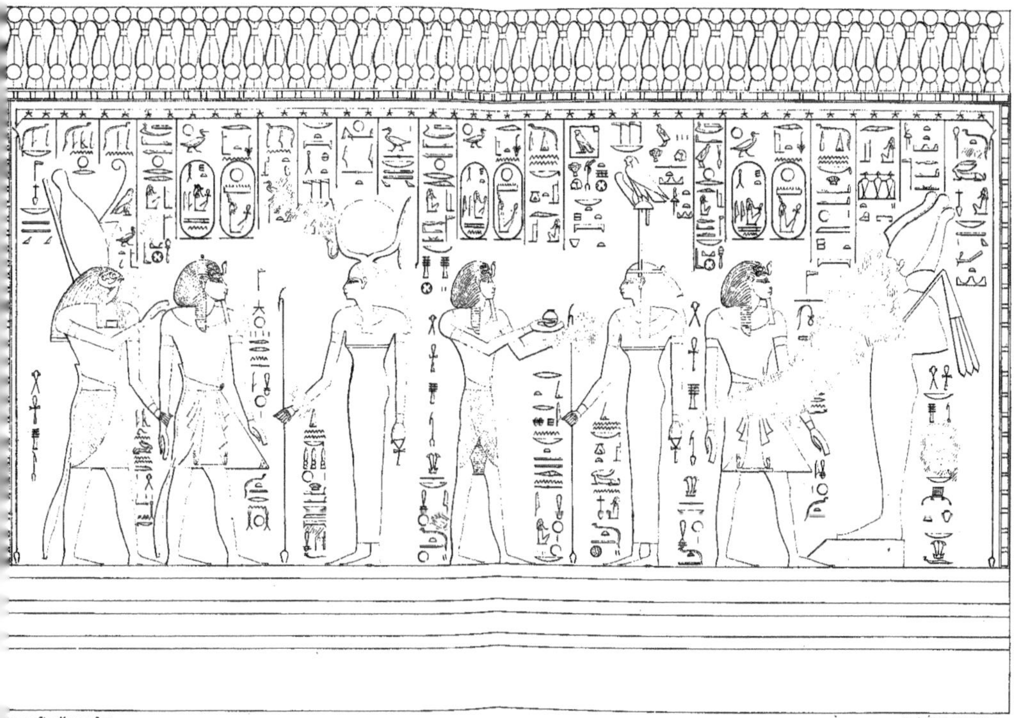

Imp. sur Zinc. Monrocq, Paris — Ch. CHÉDIAC, del. & Autog.

PREMIÈRE PETITE SALLE. — PAROI GAUCHE.

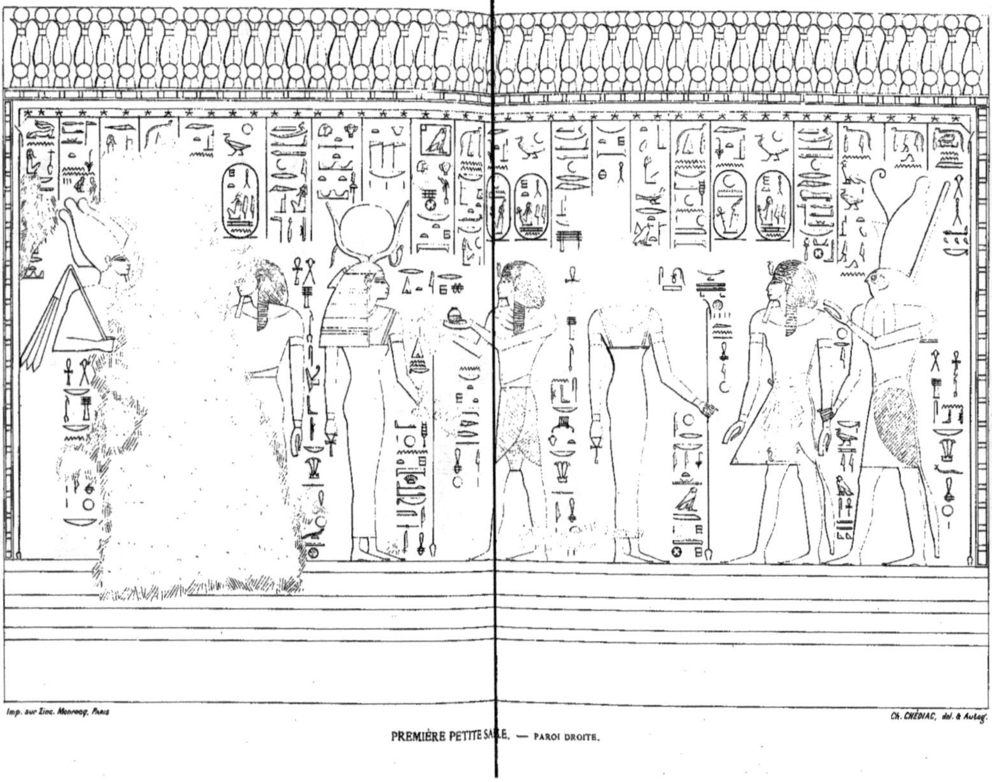

Imp. sur Zinc. Monrocq, Paris

Ch. CHÉDIAC, del. & Autog.

PREMIÈRE PETITE SALLE. — PAROI DROITE.

PREMIÈRE PETITE SALLE. — PAROI DU FOND.

SECONDE PARTIE

I a 28

REMIER PILIER DE DROITE. – 1. – ENTRÉE.

PREMIER PILIER DE DROITE. – 2. – DROITE.

PREMIER PILIER DE DROITE. – 3. – FOND.

PREMIER PILIER DE DROITE. – 4. – GAUCHE.

DEUXIÈME PILIER DE DROITE. – 1. – ENTRÉE.

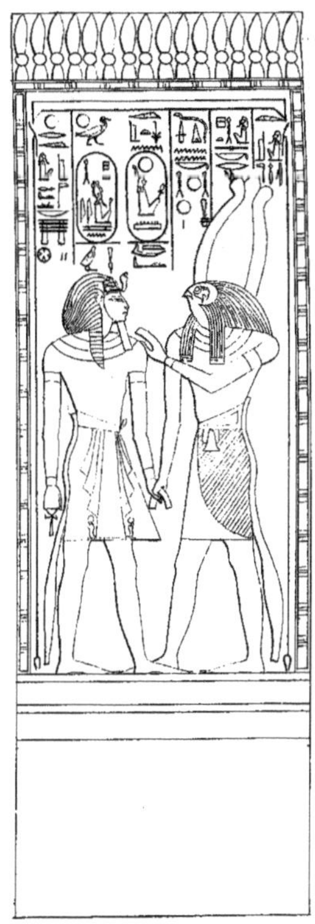

DEUXIÈME PILIER DE DROITE. – 2. – DROITE.

Imp. sur Zinc. Monrocq, Paris

SALLE A QUATRE PILIERS.

Ch. CHÉDIAC, del & Autog

PL. I.

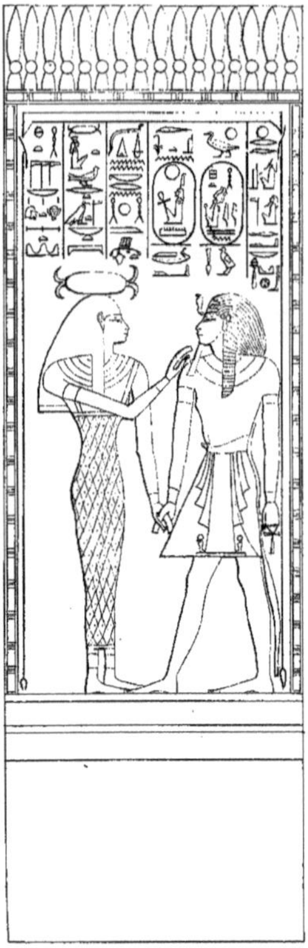

DEUXIÈME PILIER DE DROITE. — 3. — FOND.

DEUXIÈME PILIER DE DROITE. -4.- GAUCHE.

PREMIER PILIER DE GAUCHE.— 1.- ENTRÉE.

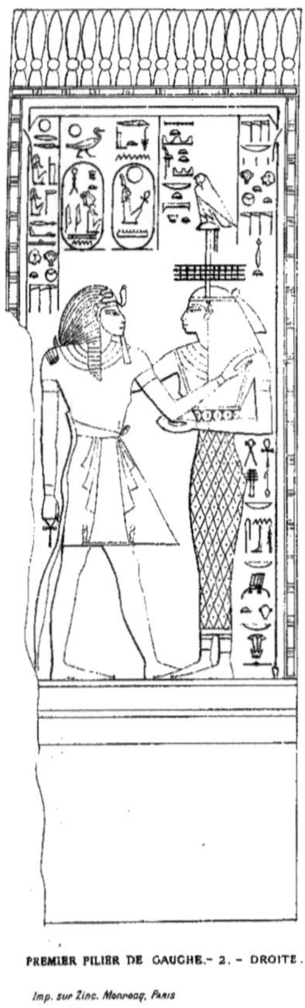

PREMIER PILIER DE GAUCHE.- 2. - DROITE.

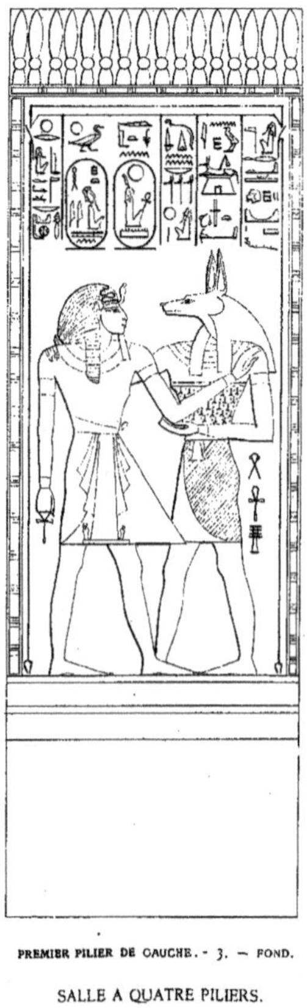

PREMIER PILIER DE GAUCHE. - 3. — FOND.

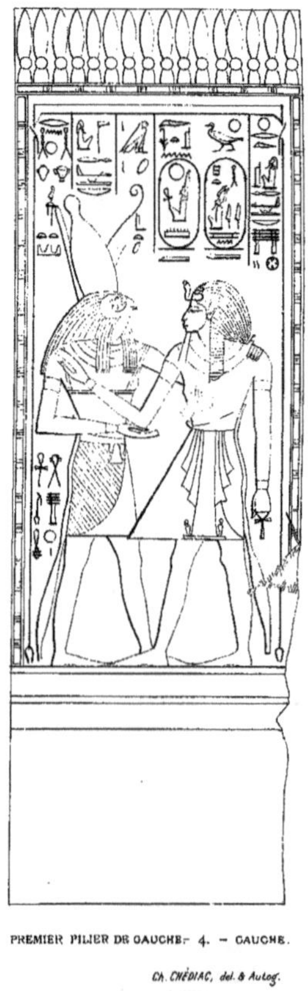

PREMIER PILIER DE GAUCHE.- 4. — GAUCHE.

PL. II.

Imp. sur Zinc. Monrocq, Paris

SALLE A QUATRE PILIERS.

Ch. CHÉDIAC, del. & Autog.

1. — ENTRÉE.

2. — DROITE.

3. — FOND.

4. — GAUCHE.

PL. III.

SALLE A QUATRE PILIERS.

DEUXIÈME PILIER DE GAUCHE.

Imp. sur Zinc. Monrocq, Paris

Ch. CHÉDIAC, del. & Autog.

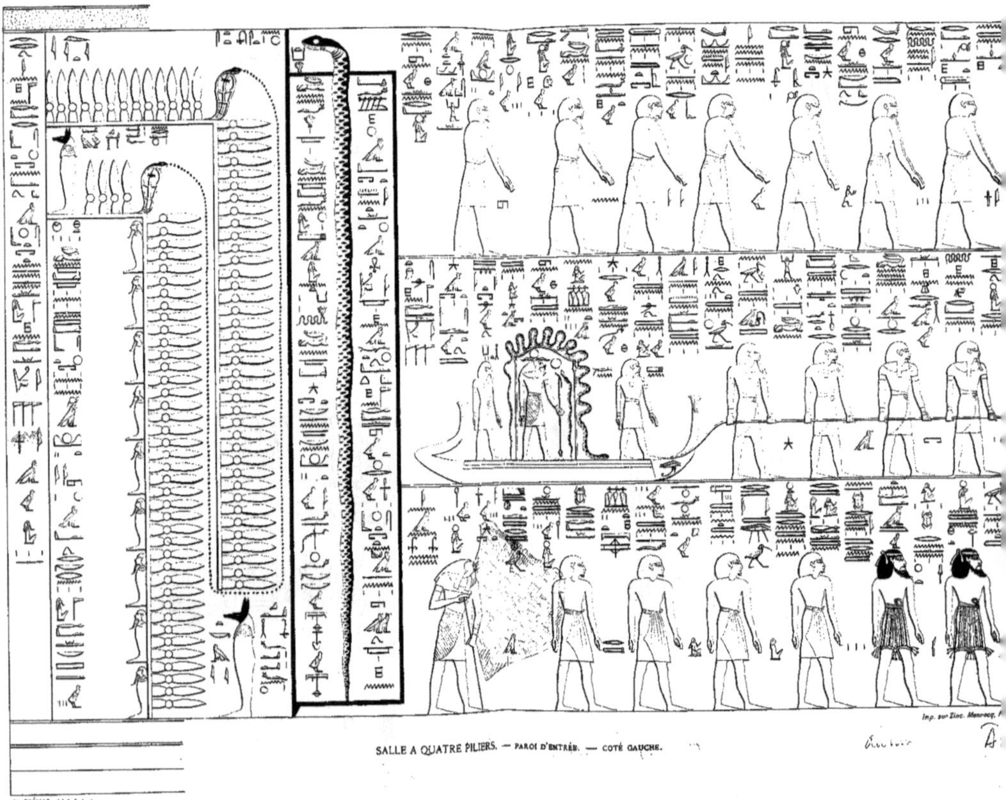

SALLE A QUATRE PILIERS. — PAROI D'ENTRÉE. — COTÉ GAUCHE.

Ch. CHÉDIAC, del & Autog.

Imp. sur Zinc. Monrocq, P

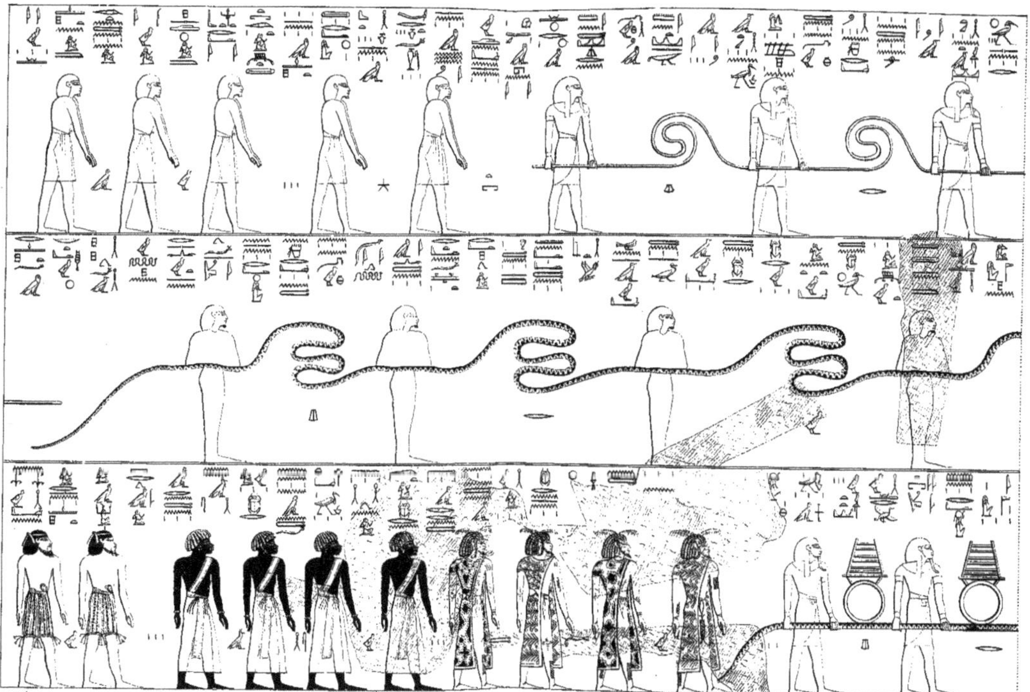

Ch. CHÉDIAC, del. & Autog.

Imp. sur Zinc. Monrocq, Paris

SALLE A QUATRE PILIERS. — PAROI GAUCHE.

Ch. CHÉDIAC, del. & Autog.

Imp. sur Zinc. Monrocq, Paris

SALLE A QUATRE PILIERS. — PAROI GAUCHE (suite).

2e pne

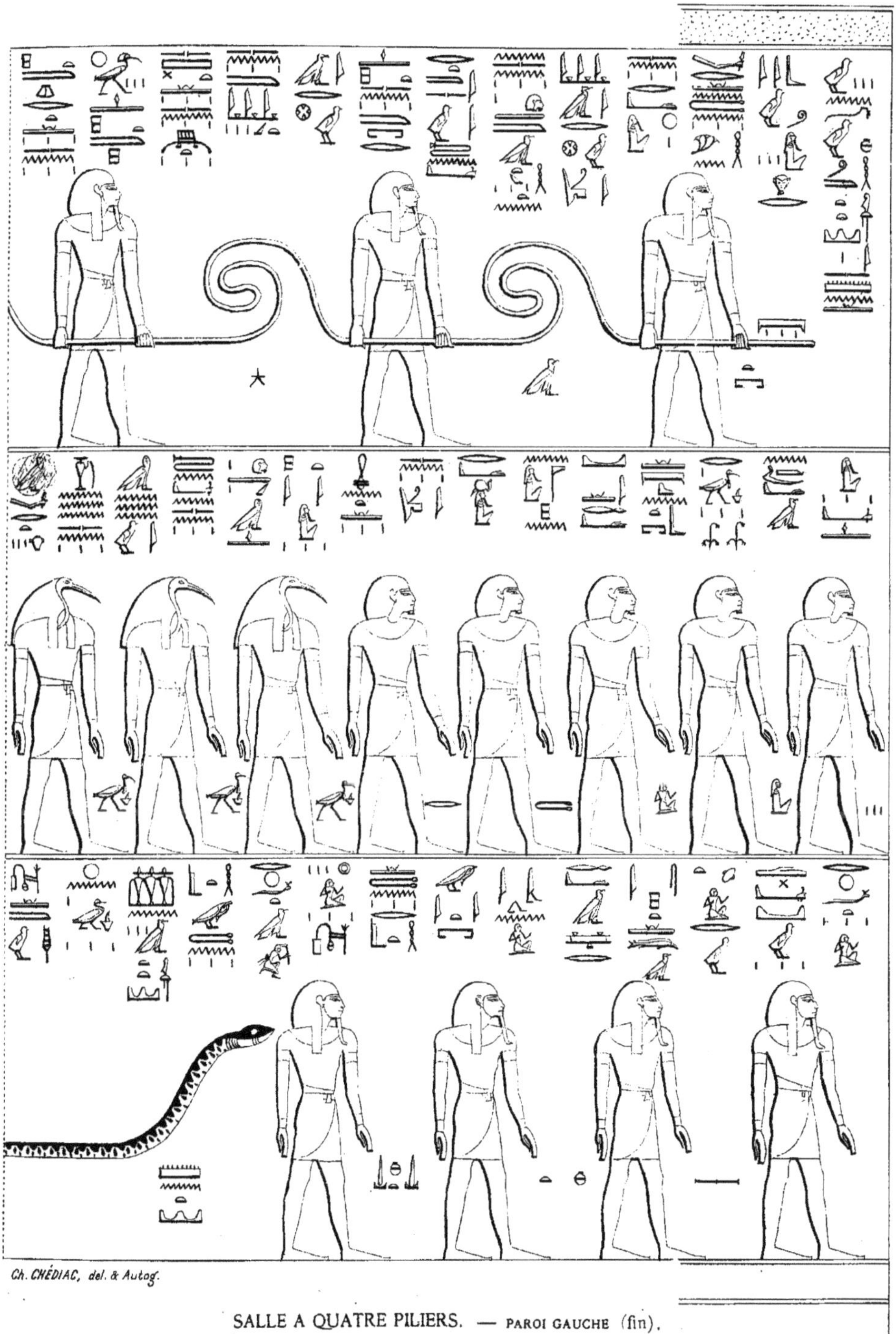

Ch. CHÉDIAC, del. & Autog.

SALLE A QUATRE PILIERS. — PAROI GAUCHE (fin).

Imp. sur Zinc. Monrocq, PARIS

Pyramide Nebkara de la 5e Dyn.

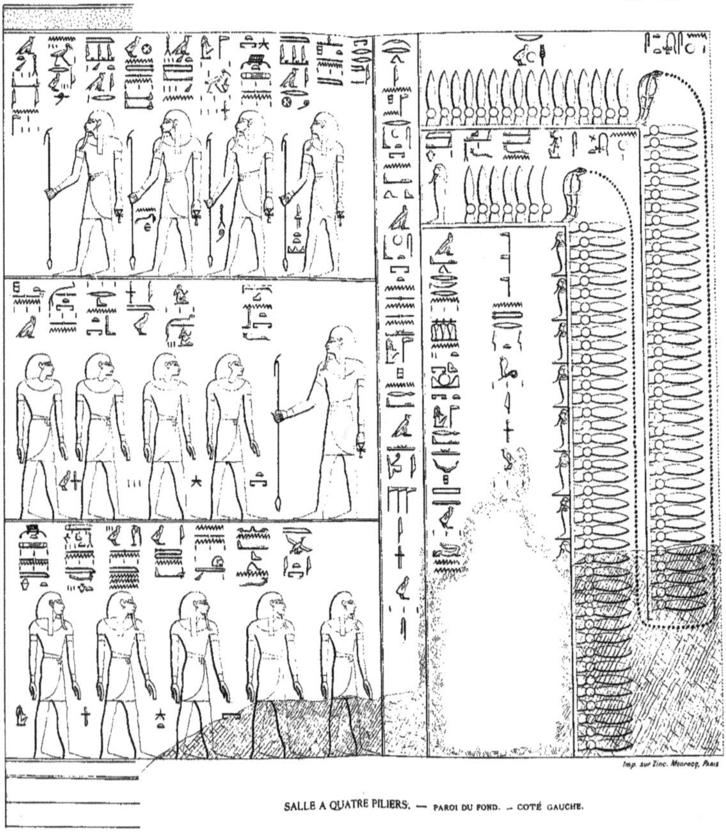

Imp. sur Zinc. Monrocq, Paris

SALLE A QUATRE PILIERS. — PAROI DU FOND. — COTÉ GAUCHE.

Ch. Cheloux, Autog.

Imp. sur Zinc. Monrocq, Paris — *Ch. Chédiac, del. & Autog.*

SALLE A QUATRE PILIERS. — PAROI DU FOND. — MILIEU.

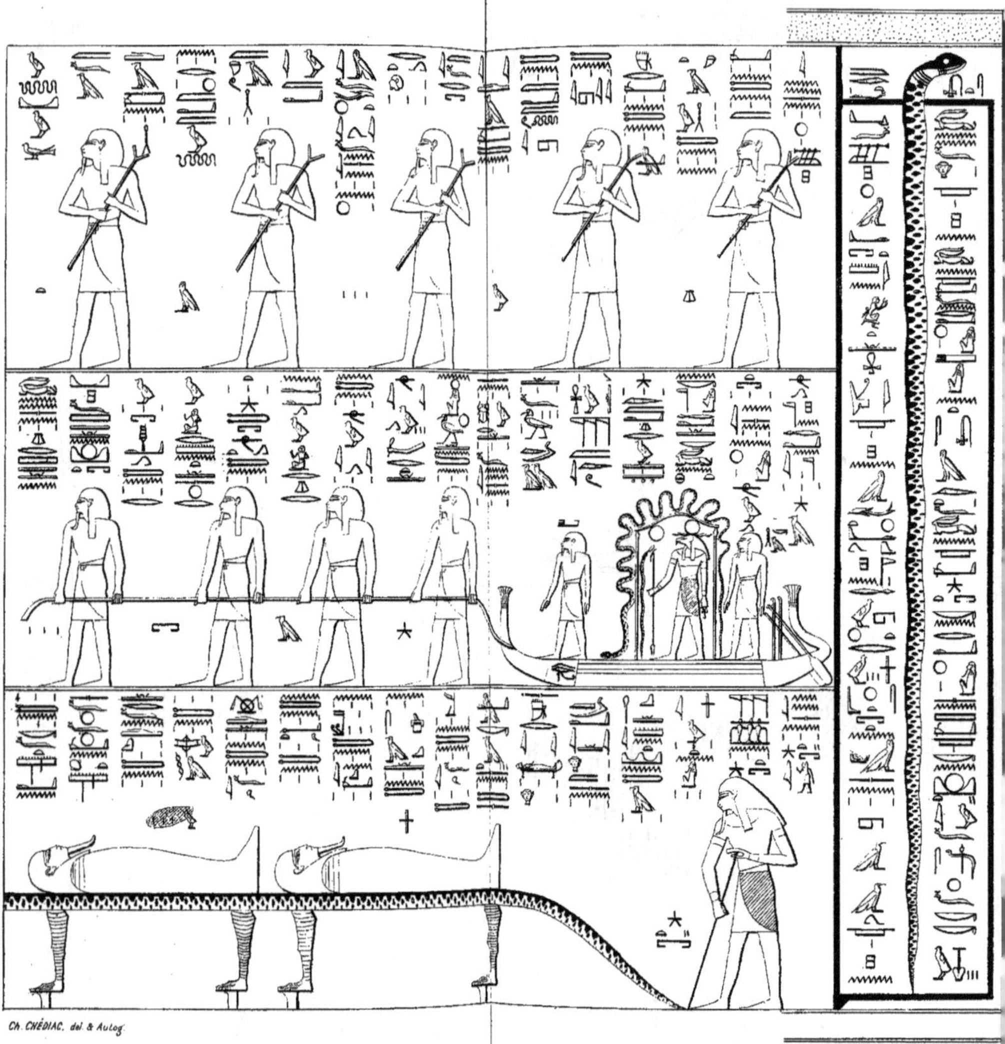

Ch. CHÉDIAC. del. & Autog.

SALLE A QUATRE PILIERS. — PAROI D'ENTRÉE. — COTÉ DROIT.

Imp. sur Zinc. Monrocq, PARIS

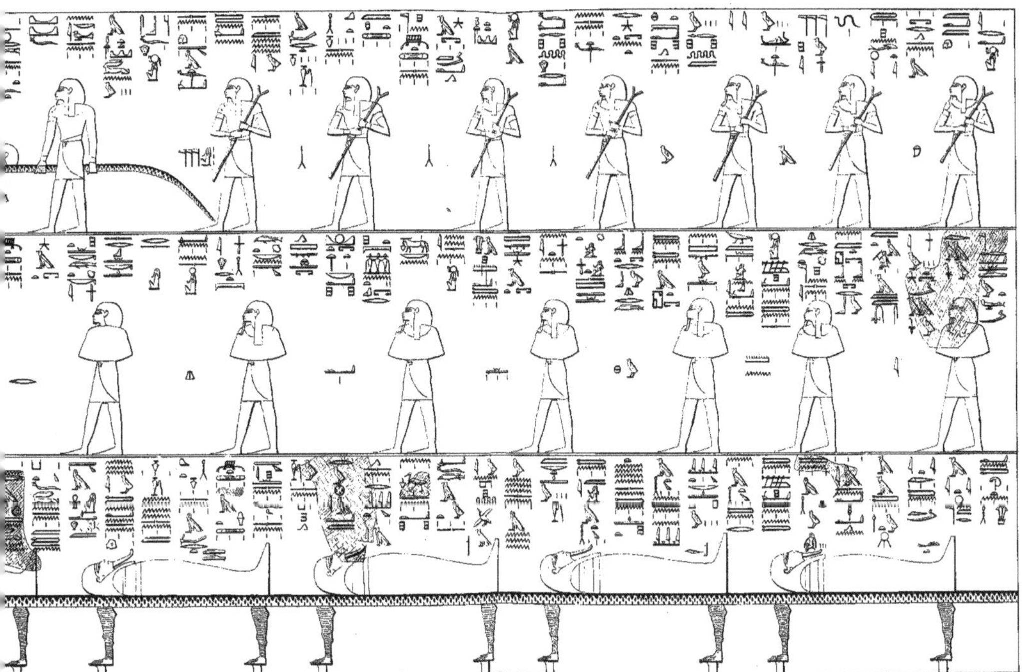

...NÉDIAC, del. & Autog. — Imp. sur Zinc Monrocq, Paris

SALLE A QUATRE PILIERS. — PAROI DROITE.

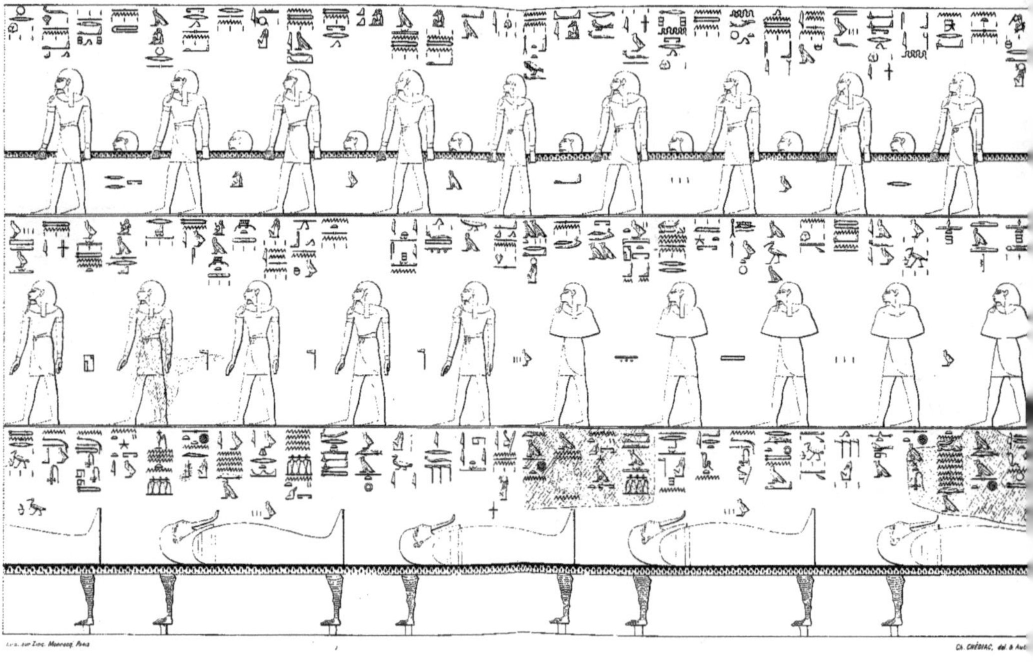

Lith. sur Zinc. Monrocq, Paris

Ch. CHÉDIAC, del. & Aut.

SALLE A QUATRE PILIERS. — PAROI DROITE (suite).

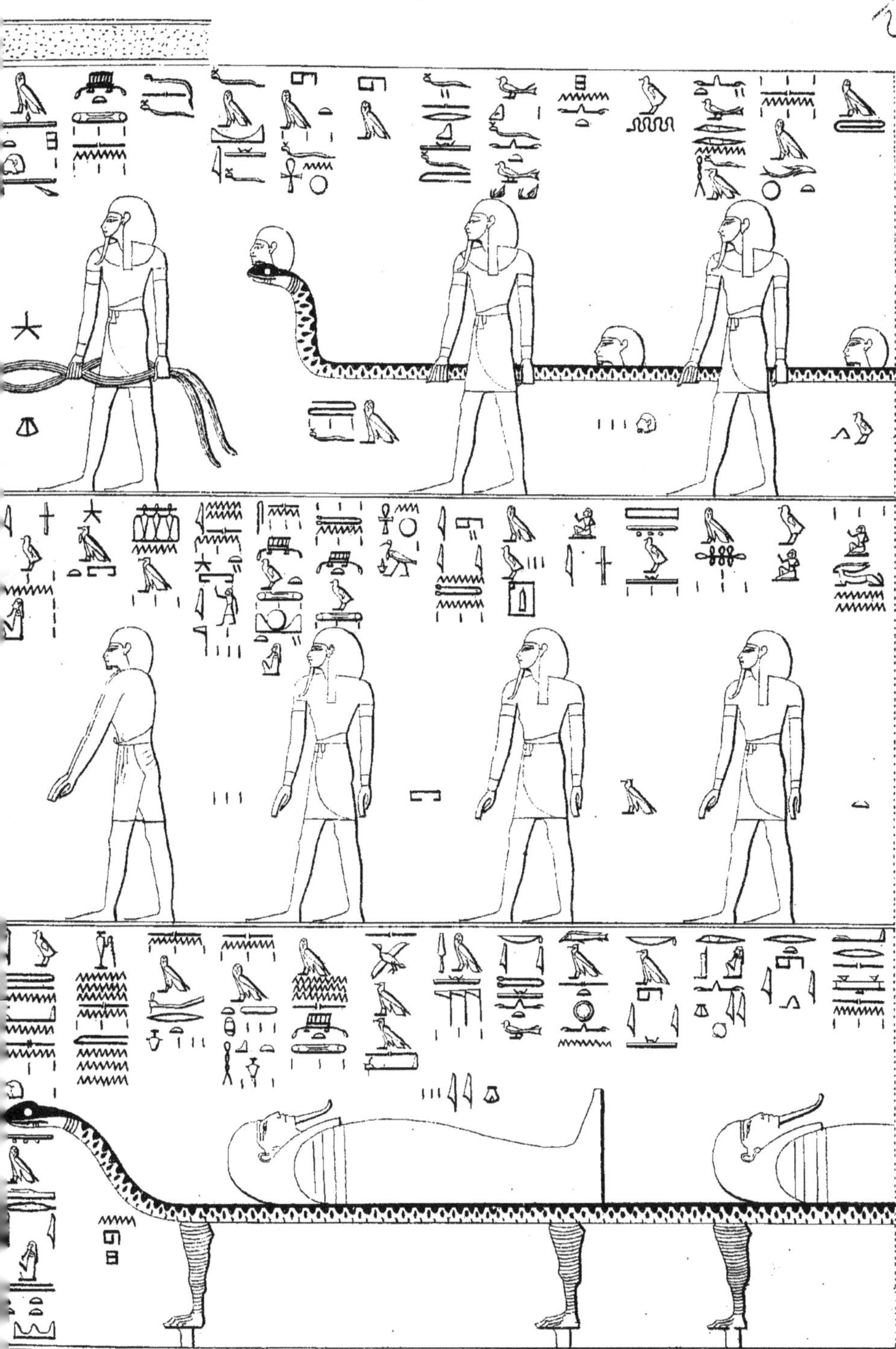

Imp. sur Zinc. Monrocq, Paris

SALLE A QUATRE PILIERS. — PAROI DROITE (fin).

CHÉDIAC, del. & Autog.

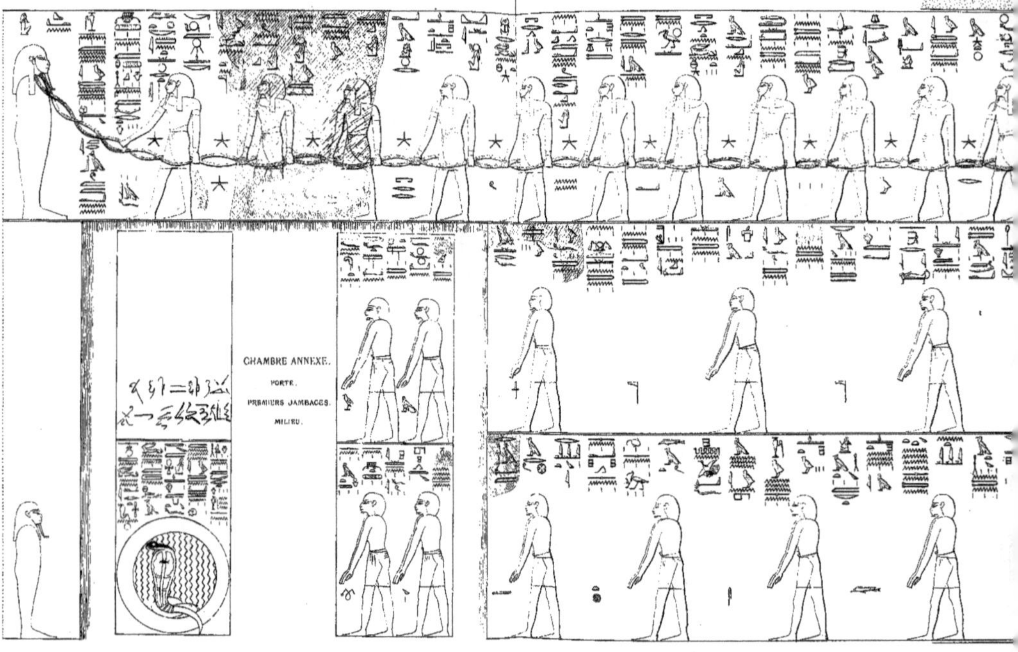

SALLE A QUATRE PILIERS. — PAROI DU FOND. — COTÉ DROIT.

Imp. sur Zinc. Monrocq. Paris

Ch. CHÉDIAC, del.

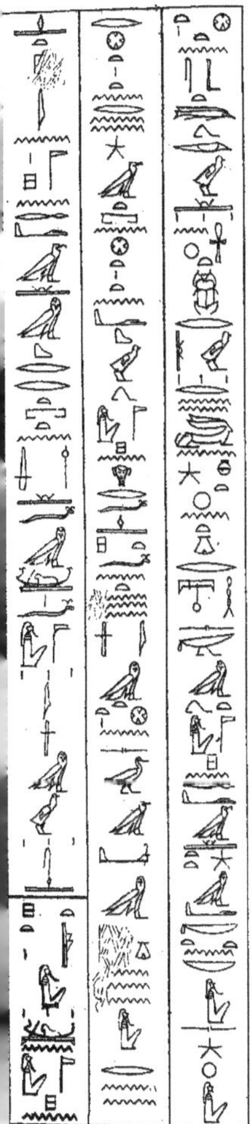

Imp sur Zinc. Monrocq, Paris

SALLE A QUATRE PILIERS.
HAMBRE ANNEXE. — PORTE.
JAMBAGE GAUCHE. — MILIEU.

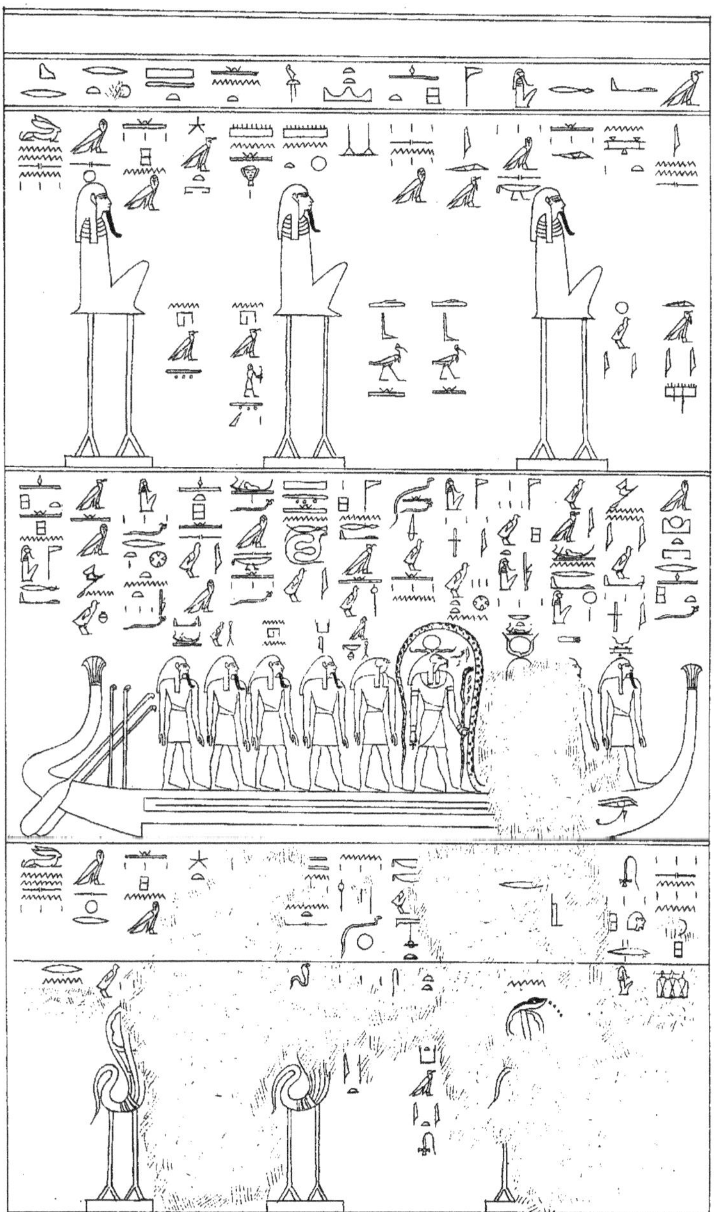

Ch. CHEDIAC, del. & Autog

SALLE A QUATRE PILIERS. — CHAMBRE ANNEXE.

PAROI D'ENTRÉE. — COTÉ GAUCHE.

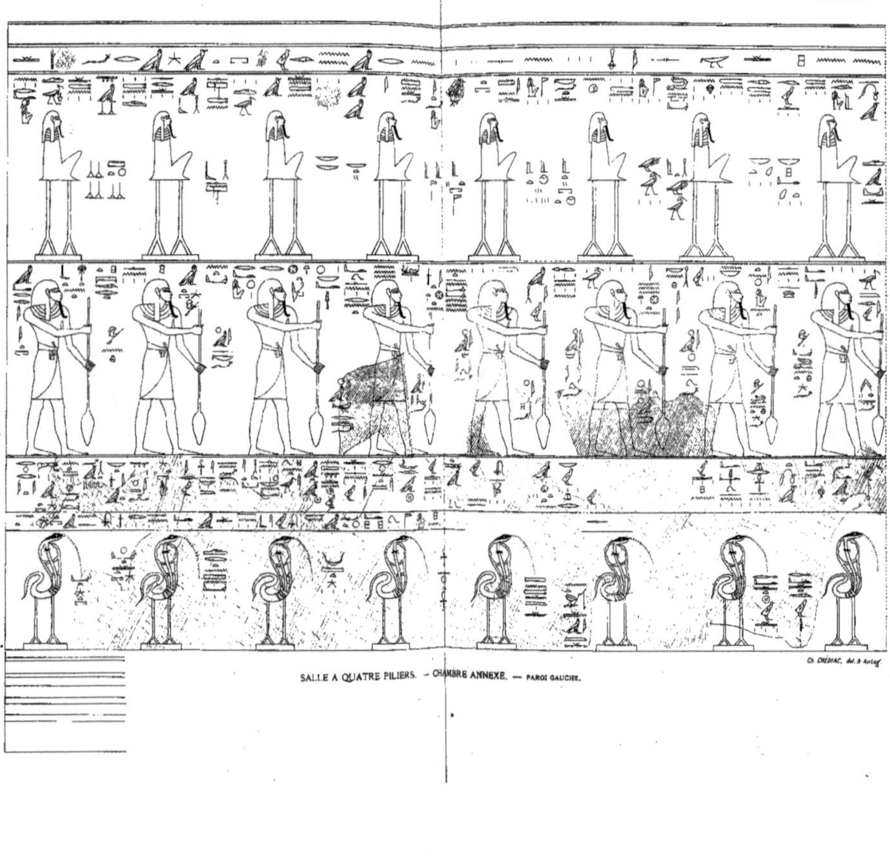

Ch. CHÉDIAC, del. & Autog.

SALLE A QUATRE PILIERS. — CHAMBRE ANNEXE. — PAROI GAUCHE.

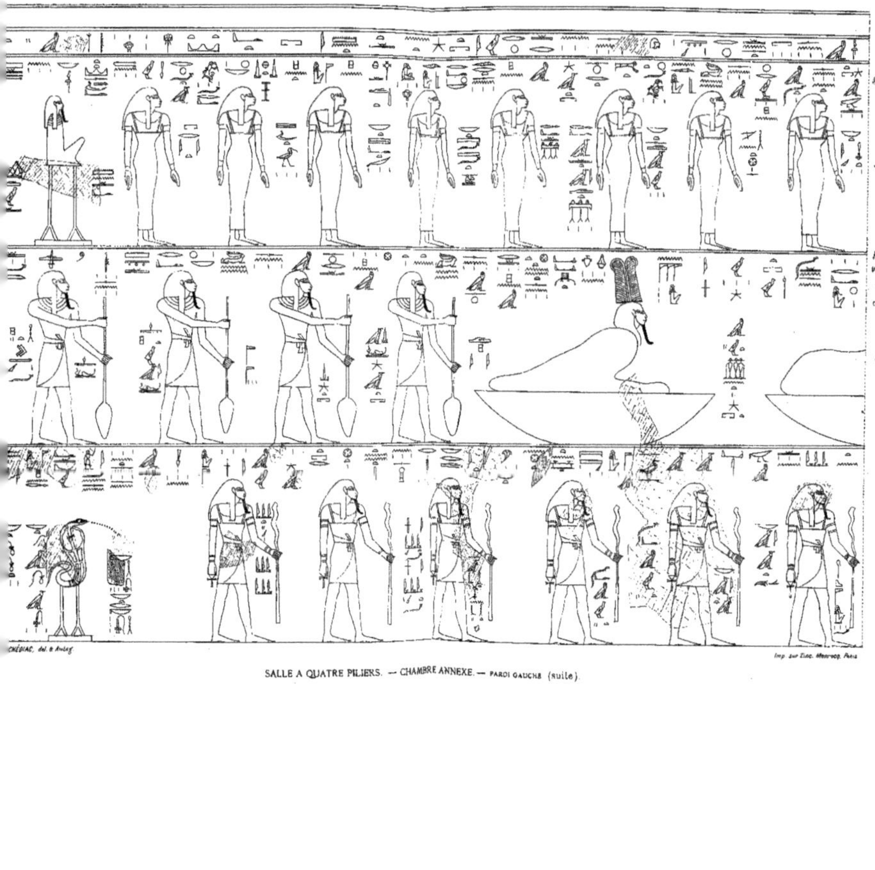

CHÉDIAC, del. & Autog. — Imp. sur Zinc. Monrocq. Paris

SALLE A QUATRE PILIERS. — CHAMBRE ANNEXE. — PAROI GAUCHE (suite).

12 déesses [illegible]

[illegible]

9 dieux [illegible]

les fellahs [illegible]

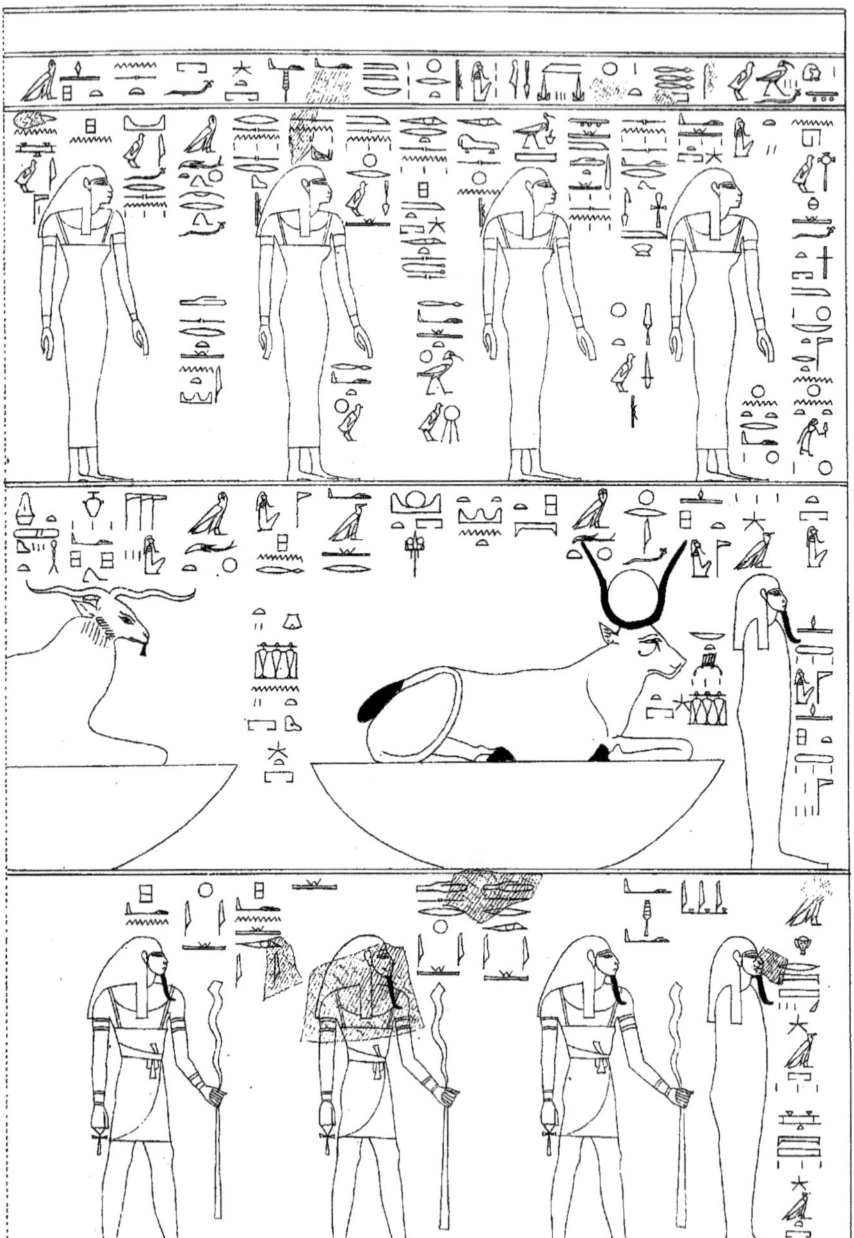

Imp. sur Zinc. Monrocq, Paris

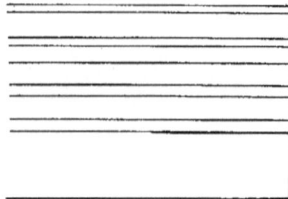

SALLE A QUATRE PILIERS. — CHAMBRE ANNEXE.

PAROI GAUCHE (fin).

Ch. CHEDIAC, del. & autog.

SALLE A QUATRE PILIERS. — CHAMBRE ANNEXE. — PAROI DU FOND.

Imp. sur Zinc. Monrocq, Paris

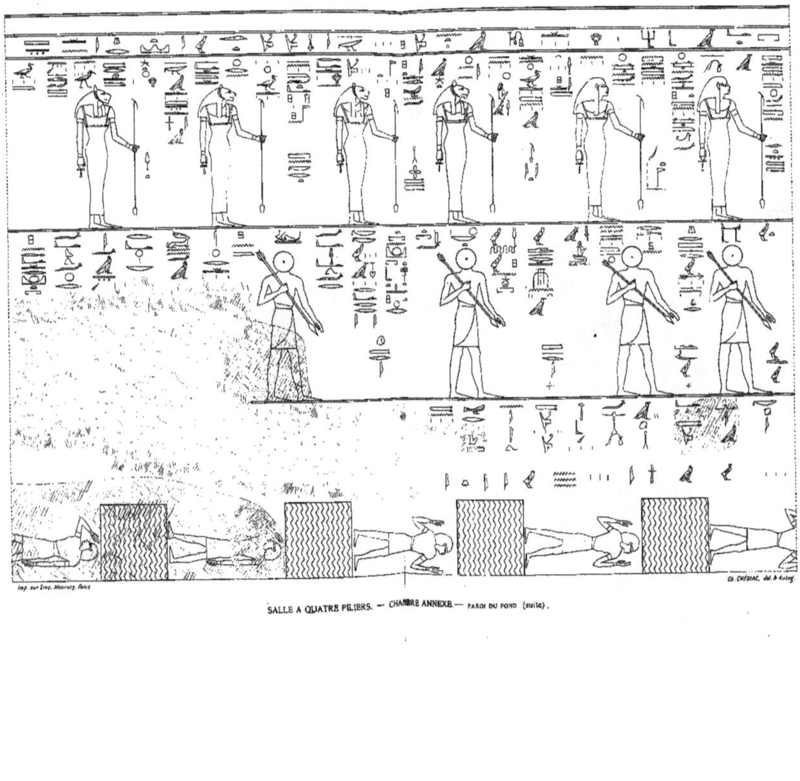

Imp. sur Zinc. Monrocq, Paris

Ch. CHÉDIAC, del. & Autog.

SALLE A QUATRE PILIERS. — CHAMBRE ANNEXE — PAROI DU FOND (suite).

2e pre

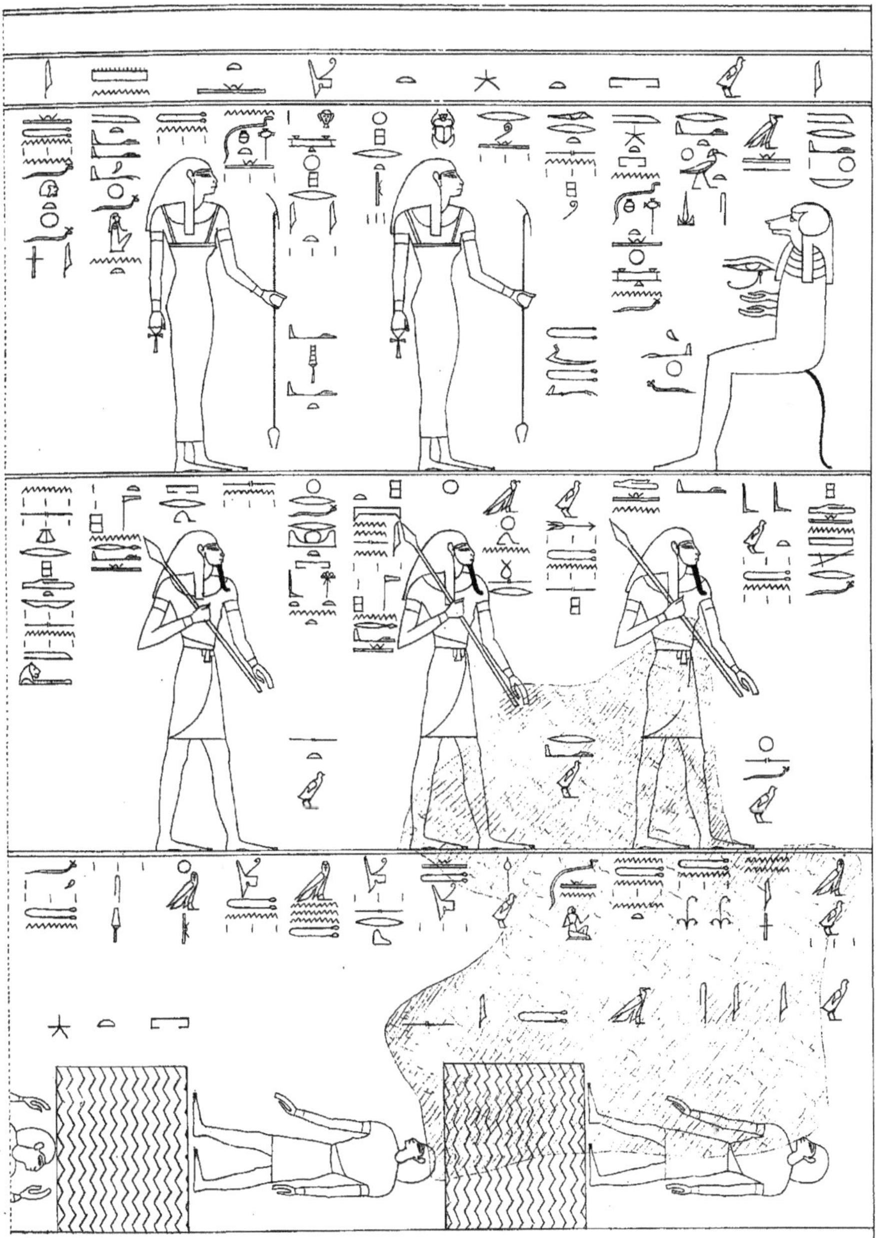

Imp. sur Zinc. Monrocq, Paris

SALLE A QUATRE PILIERS. — CHAMBRE ANNEXE.

PAROI GAUCHE. (fin).

Ch. CHÉDIAC, del. & Autog.

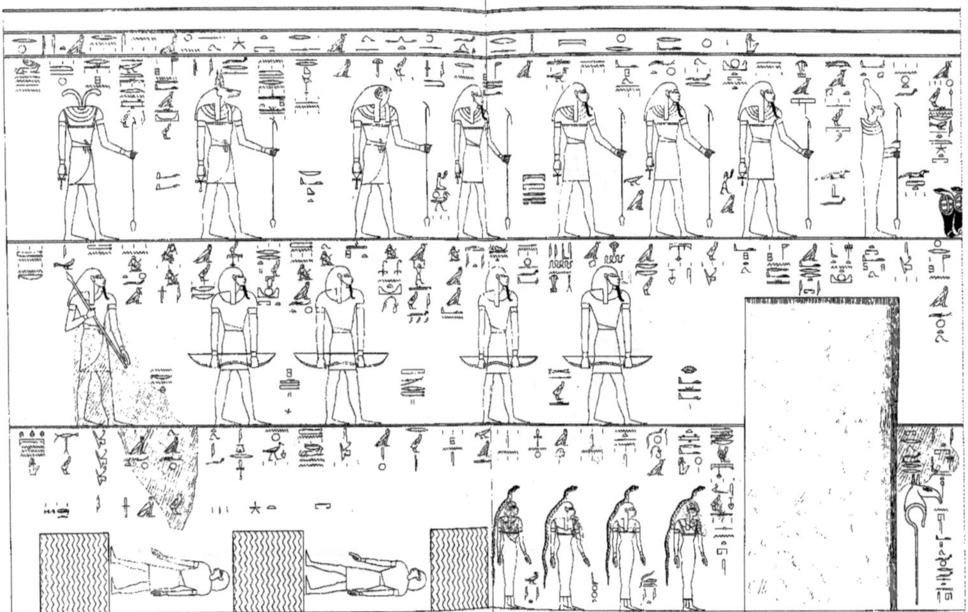

Ch. CHÉDIAC, del. & Autogr.

SALLE A QUATRE PILIERS. — CHAMBRE ANNEXE. — PAROI DROITE. (fin).

Imp. sur Zinc. Monrocq, Paris

PL. XXIII.

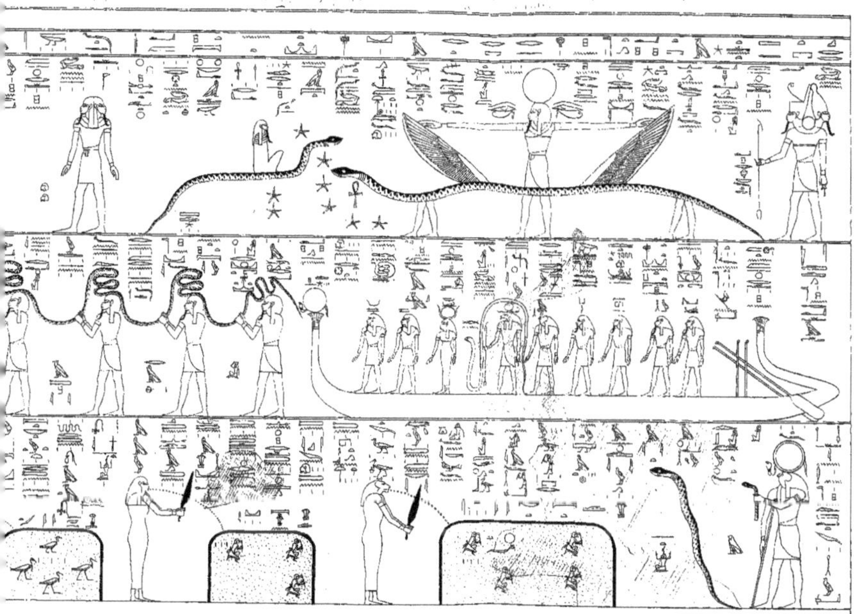

SALLE A QUATRE PILIERS. — CHAMBRE ANNEXE. — PAROI D'ENTRÉE. — COTÉ DROIT.

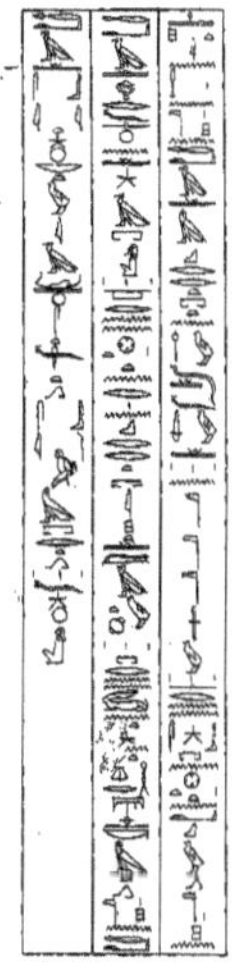

SALLE A QUATRE PILIERS.
CHAMBRE ANNEXE. — PORTE.
2e JAMBAGE DROIT. — MILIEU.

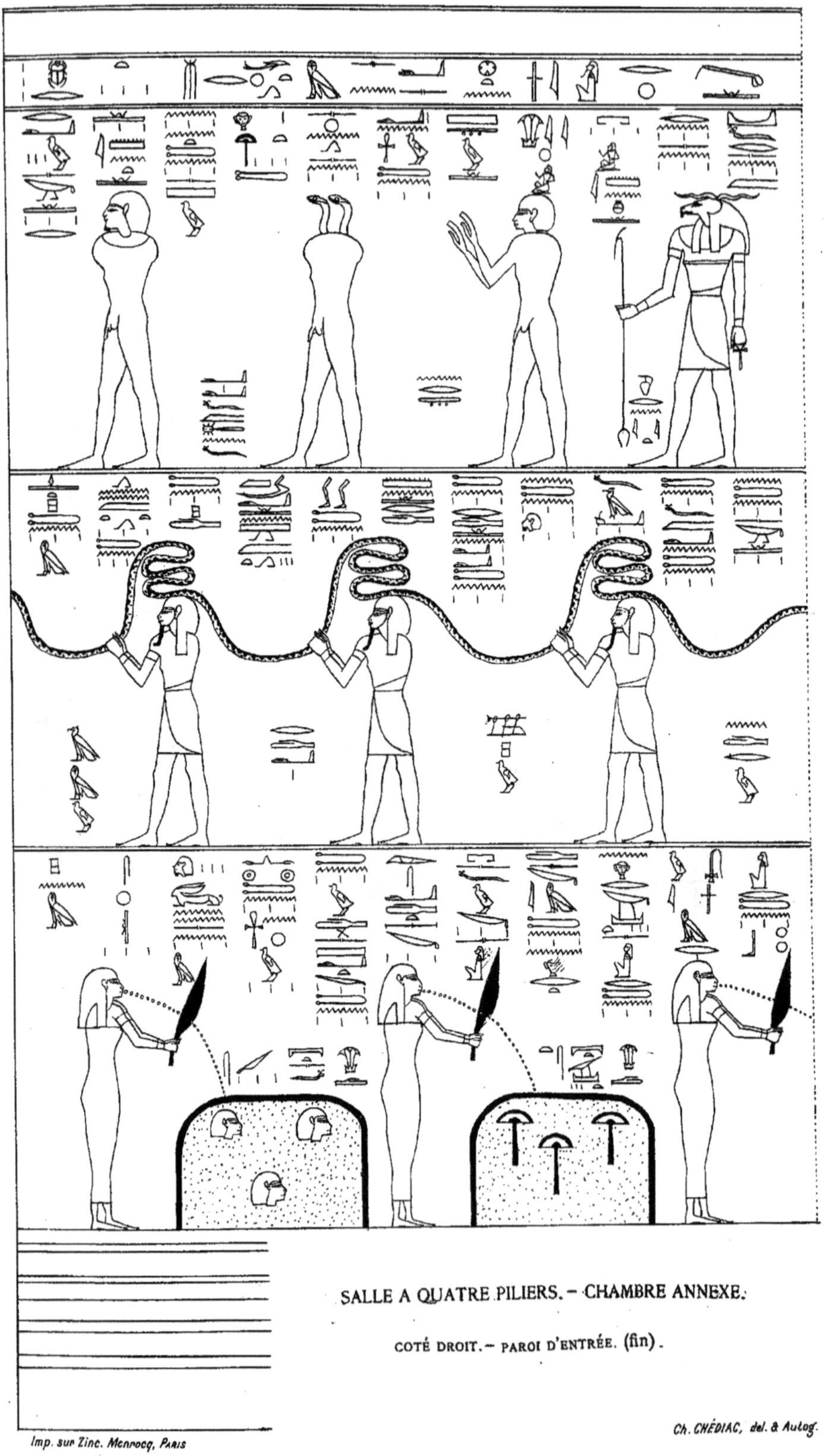

SALLE A QUATRE PILIERS. — CHAMBRE ANNEXE.

COTÉ DROIT. — PAROI D'ENTRÉE. (fin).

Imp. sur Zinc. Menrocq, PARIS

Ch. CHÉDIAC, del. & Autog.

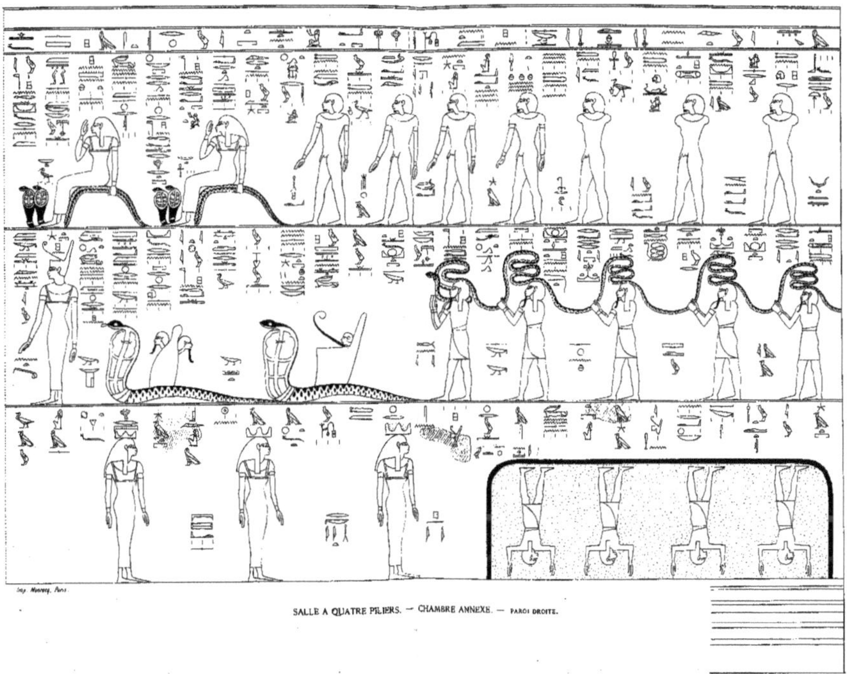

Imp. Monrocq, Paris.

SALLE A QUATRE PILIERS. — CHAMBRE ANNEXE. — PAROI DROITE.

Ch. Dubosc, Autog.

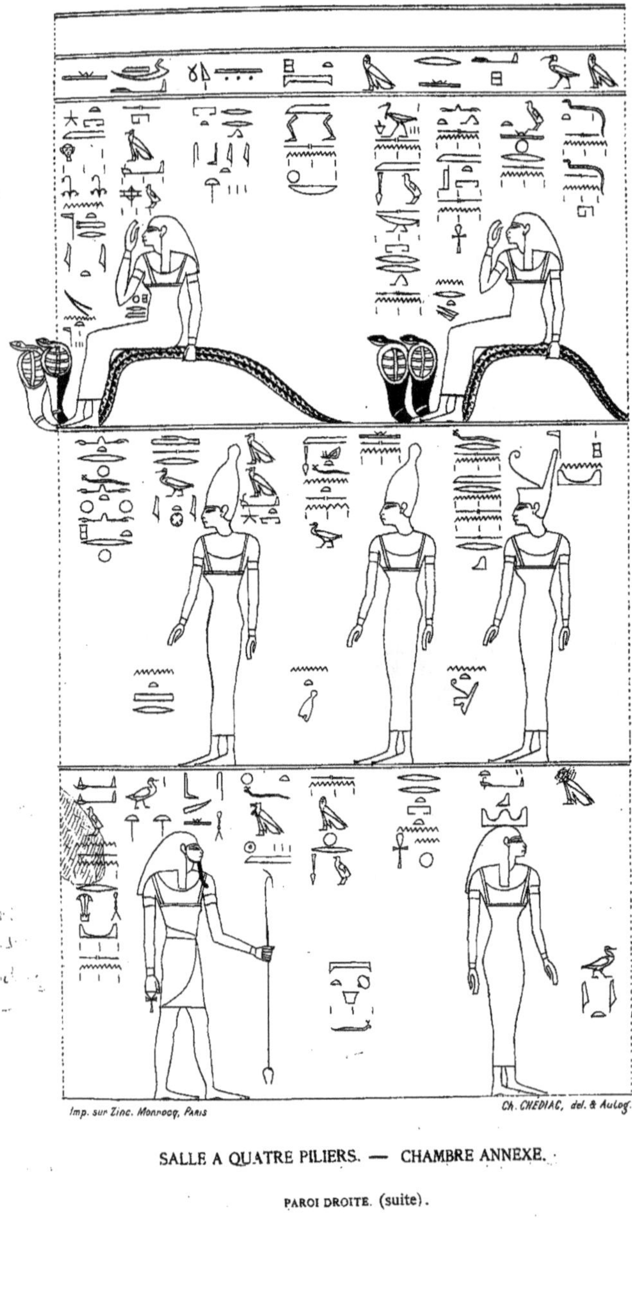

[illegible] Couronne : blanche, rouge [illegible]
[illegible] le premier [illegible]
[illegible]

Tranche [illegible]
[illegible] les membres [illegible]
[illegible] fournaises [illegible]
[illegible] des flammes [illegible]
[illegible]
des fournaises, [illegible]
[illegible]

Imp. sur Zinc. Monrocq, Paris — *Ch. CHEDIAC, del. & Autog.*

SALLE A QUATRE PILIERS. — CHAMBRE ANNEXE.

PAROI DROITE. (suite).

1. — ENTRÉE.

2. — GAUCHE.

3. — FOND.

4. — DROITE.

SALLE A QUATRE PILIERS. — CHAMBRE ANNEXE. — PILIER DE L'ENTRÉE.

Ch. CHÉDIAC, del & Autog.

Imp. sur Zinc. Monrocq, Paris

PL. XXVII.

1. — ENTRÉE.

2. — GAUCHE.

3. — FOND.

4. — DROITE.

PL. XXVIII.

SALLE A QUATRE PILIERS. — CHAMBRE ANNEXE. — PILIER DU FOND.

Ch. CHEDIAC, del. & Autog.

Imp. sur Zinc. Monrocq, Paris

TROISIÈME PARTIE

1 a 18

QUATRIÈME CORRIDOR. — PORTE.
JAMBAGE GAUCHE. — INTÉRIEUR.

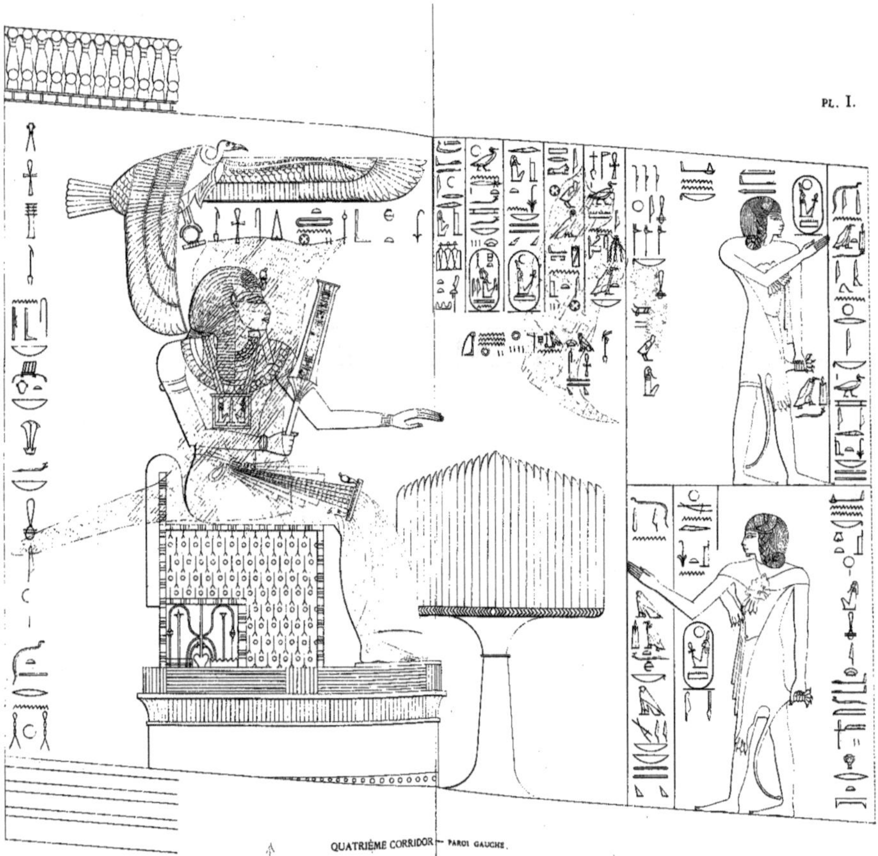

QUATRIÈME CORRIDOR — PAROI GAUCHE.

Ch. CHÉDIAC, del. & Autog.

PL. II.

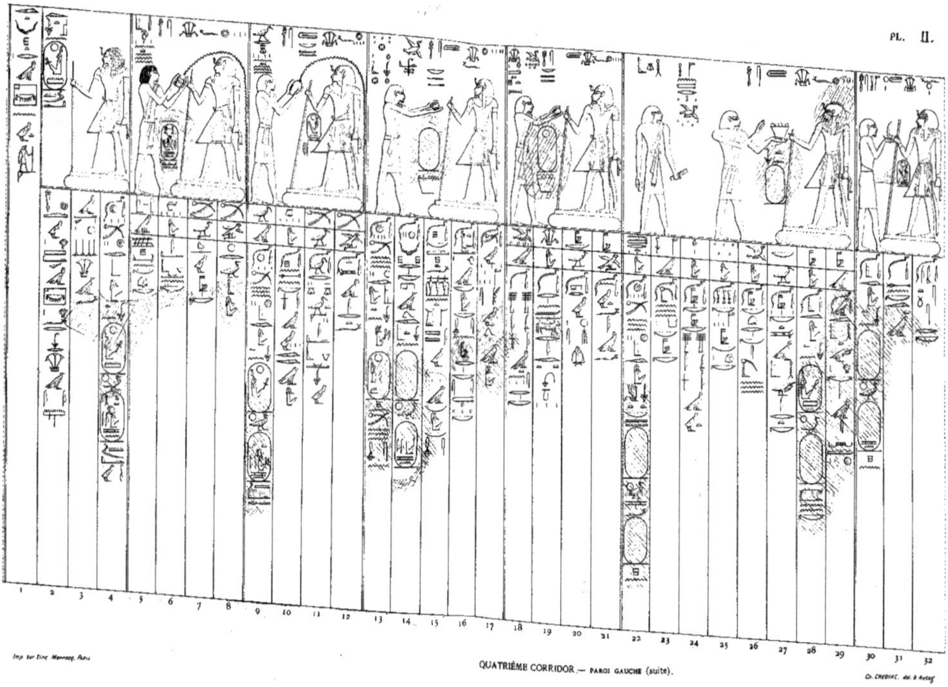

Imp. sur Zinc Monrocq, Paris

QUATRIÈME CORRIDOR. — PAROI GAUCHE (suite).

Ch. Chediac, del. & Autog.

PL. III.

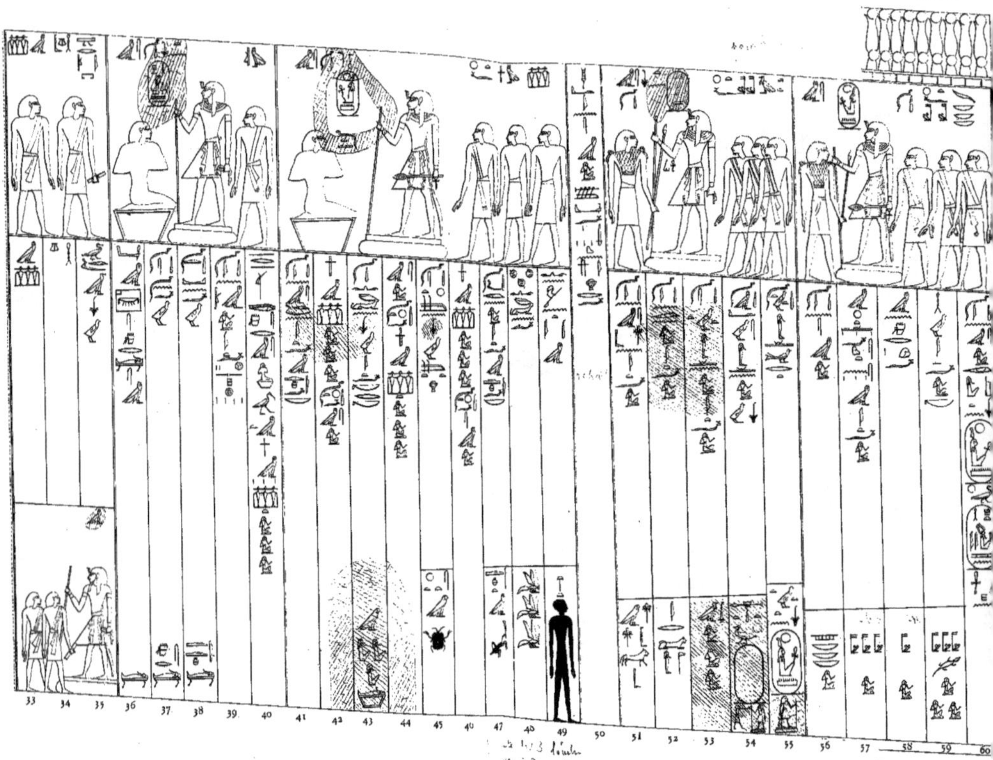

QUATRIÈME CORRIDOR. — PAROI GAUCHE. (fin)

Imp. sur Zinc. Monrocq, Paris

Ch. CRÉDIAC, del. & Autog.

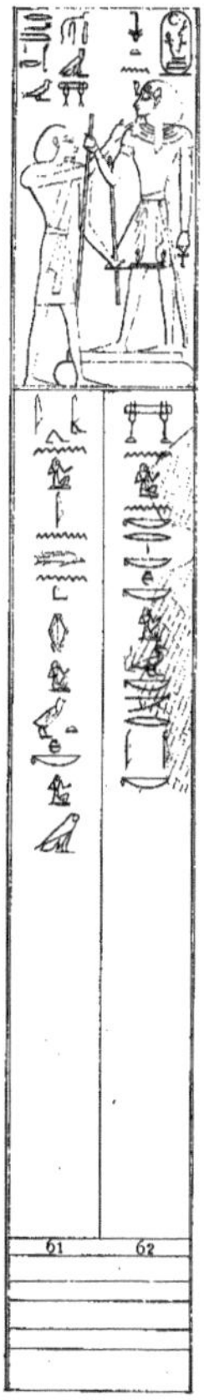

EXTÉRIEUR.

MILIEU.

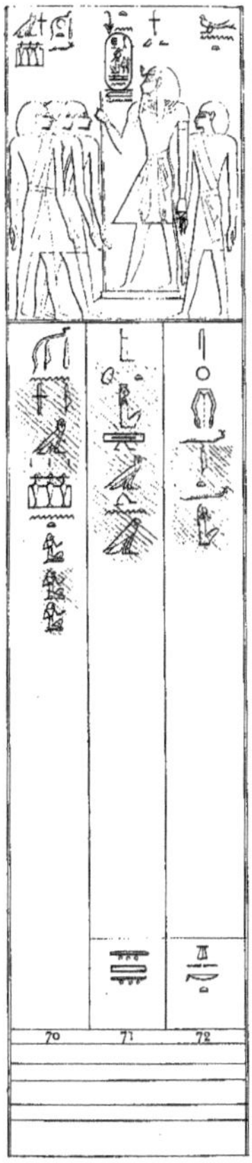

INTÉRIEUR.

CINQUIÈME CORRIDOR — PORTE.

JAMBAGE GAUCHE.

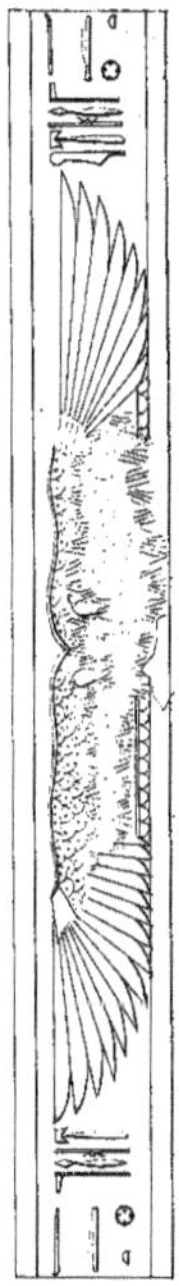

QUATRIÈME CORRIDOR. — PORTE.

BANDEAU EXTÉRIEUR.

Imp. sur Zinc. Monrocq, Paris

Ch. CHÉDIAC, del. & Autog.

CINQUIÈME CORRIDOR.— PAROI GAUCHE.

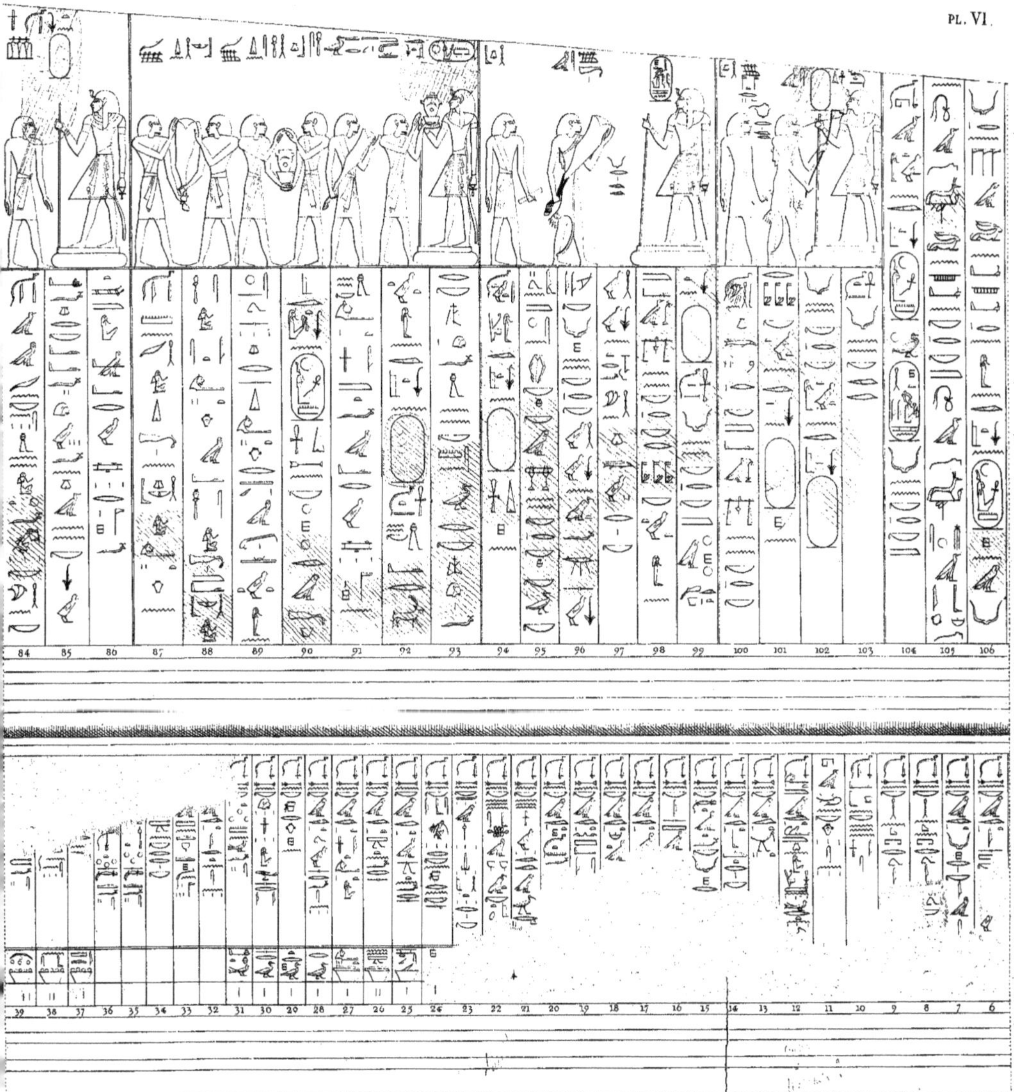

Imp. sur Zinc Monrocq, Paris

Ch. CHEDIAC, del. & Autog.

CINQUIÈME CORRIDOR. — PAROI GAUCHE (suite).

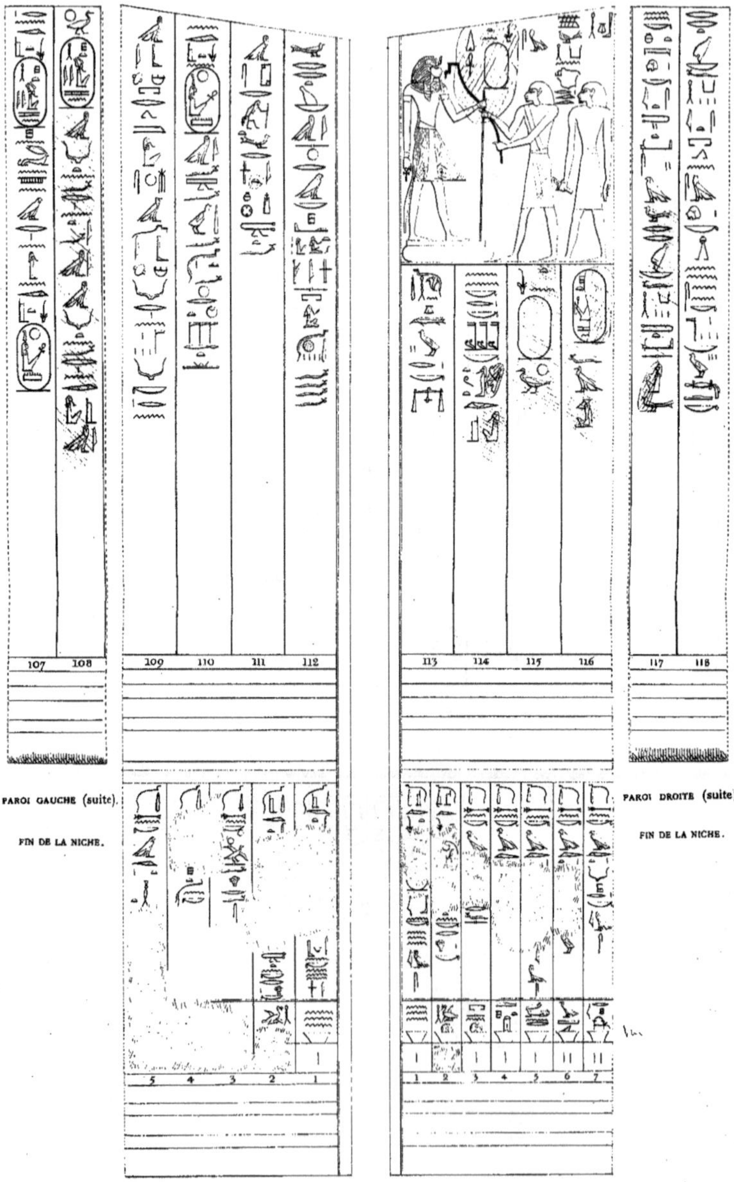

PAROI GAUCHE (suite).

FIN DE LA NICHE.

PAROI DROITE (suite).

FIN DE LA NICHE.

PAROI GAUCHE (fin). PAROI DROITE (fin).

CINQUIÈME CORRIDOR.

Ch. CHÉDIAC, del. & Autog.

Imp. sur Zinc. Monrocq. Paris

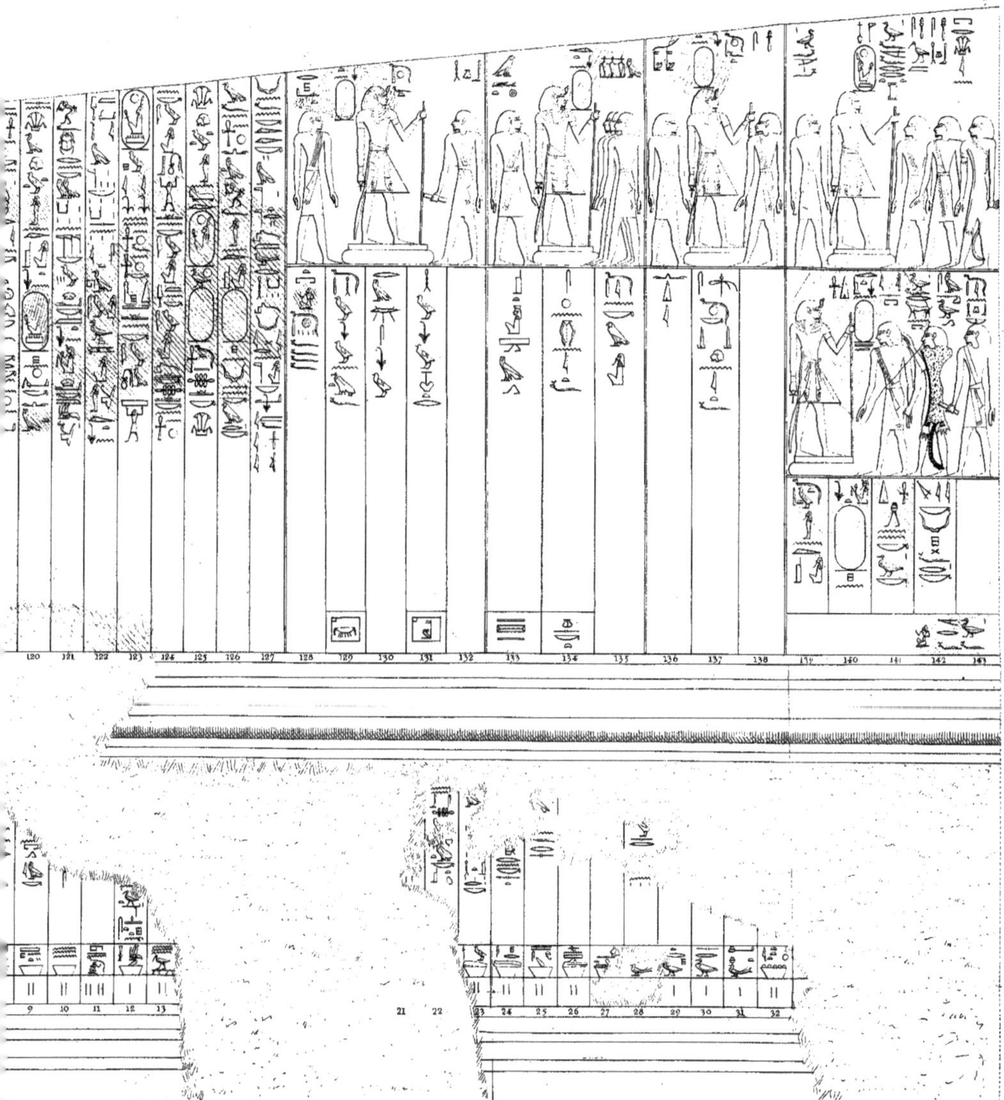

Imp. sur Zinc. Monrocq, Paris

CINQUIÈME CORRIDOR. — PAROI DROITE (suite).

Ch. CHÉDIAC, del. & Autog.

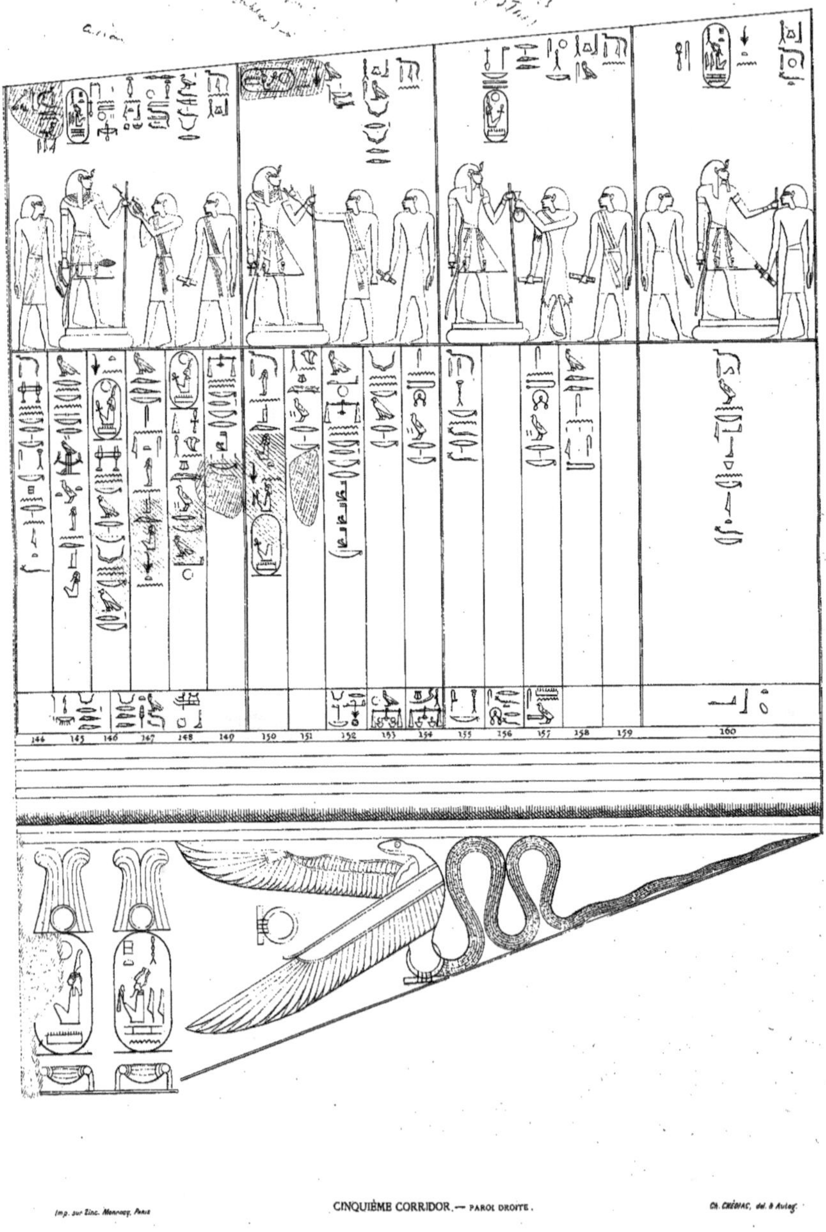

Imp. sur Zinc. Monrocq, Paris

CINQUIÈME CORRIDOR. — PAROI DROITE.

Ch. CHÉDIAC, del. & Autog.

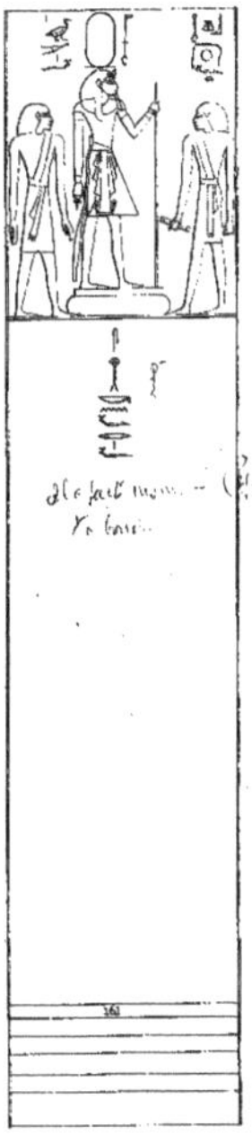

INTÉRIEUR.

MILIEU.

CINQUIÈME CORRIDOR. — PORTE.

JAMBAGE DROIT.

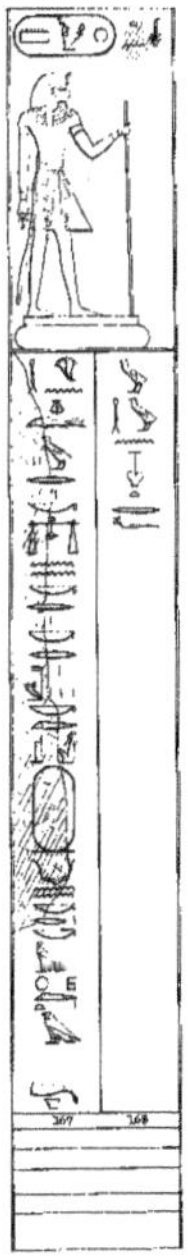

EXTÉRIEUR.

Imp. sur Zinc, Monrocq, Paris

Ch. Chéguac, del. & autog.

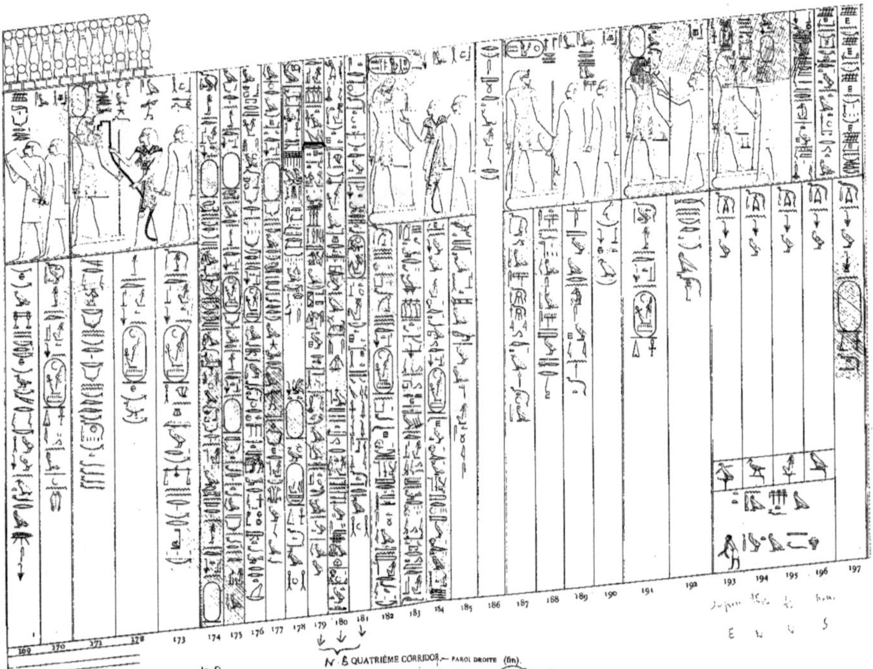

N. B QUATRIÈME CORRIDOR. — PAROI DROITE (fin).

Ch. CHÉDIAC, del. & Autog.

Imp. sur Zinc. Monrocq, Paris

N.B. Il est question dans la colonne 181 [illegible] Tsis ou (Sitis) femme royale grande, qu'[illegible] aime.
Or [illegible] Seti 1er [illegible] le début est colonne 179 [illegible] Horus maître du palais, et colonne 180 [illegible] forme 2 expressions désignant le pharaon.
Donc Sitis serait femme de [illegible] Ramsès II. [illegible] XVIIIe (Champollion) [illegible] XXe (Lepsius).
[illegible] Seti 1er [illegible] Touia [illegible]
[illegible] royale [illegible] Touia [illegible] Seti [illegible]
[illegible] avant lui. (v. Chab[illegible] p 327).

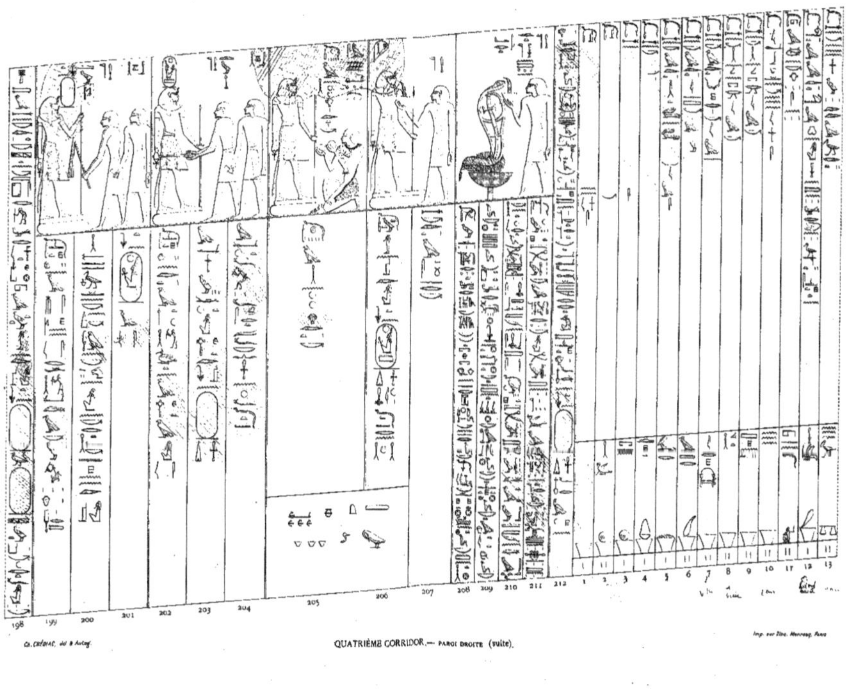

Ch. CRÉBIAC, del & Autog.

QUATRIÈME CORRIDOR. — PAROI DROITE (suite).

Imp. sur Zinc. Monrocq, Paris

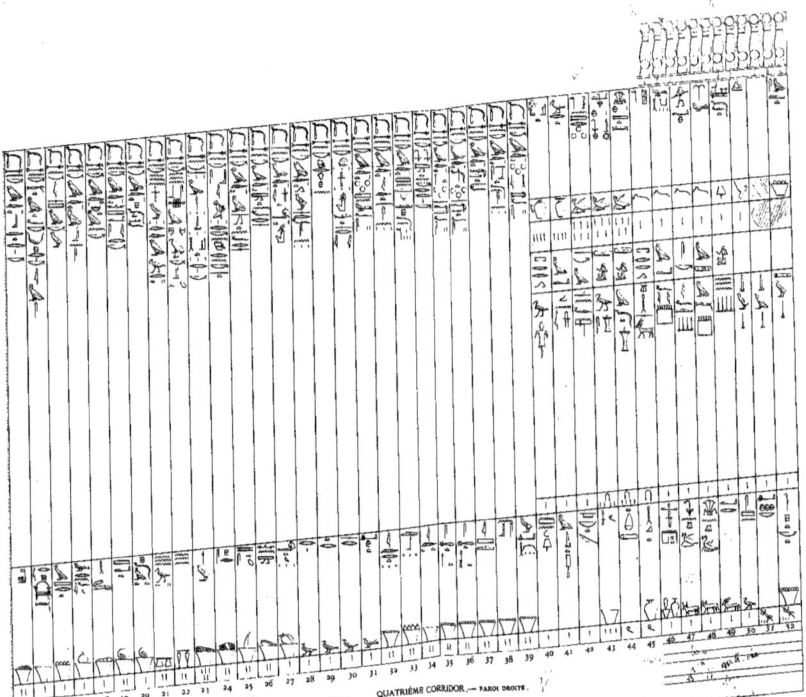

QUATRIÈME CORRIDOR. — PAROI DROITE.

QUATRIÈME CORRIDOR. — PORTE.
JAMBAGE DROIT-INTÉRIEUR.

Imp. Monrocq, Paris

Ch. Cuderne, Autog.

PL. XIV.

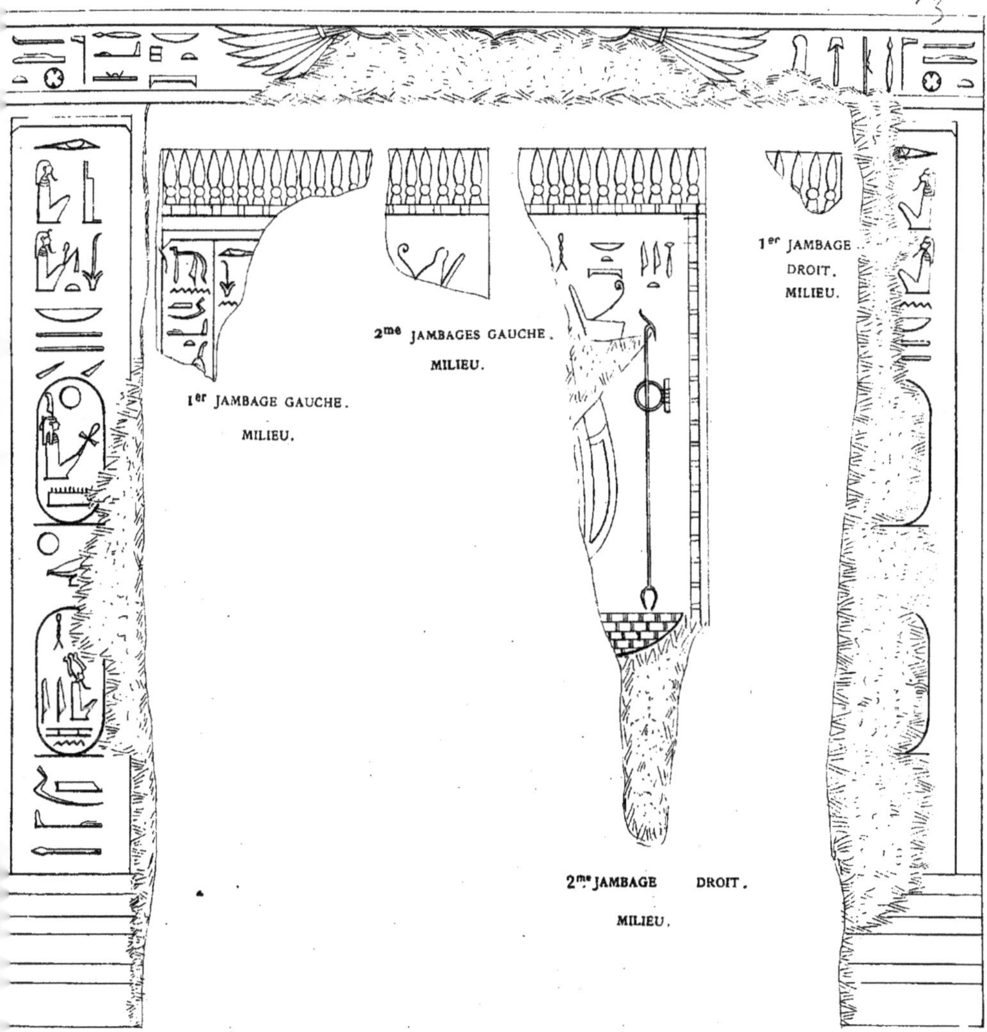

DEUXIÈME PETITE SALLE. — PORTE.

Ch. CHÉDIAC, del. & Autog.

BANDEAUX JAMBAGES, EXTÉRIEUR ET JAMBAGES DU MILIEU.

Imp. sur Zinc. Monrocq, Paris

Ch. CHÉDIAC, del. & Aut

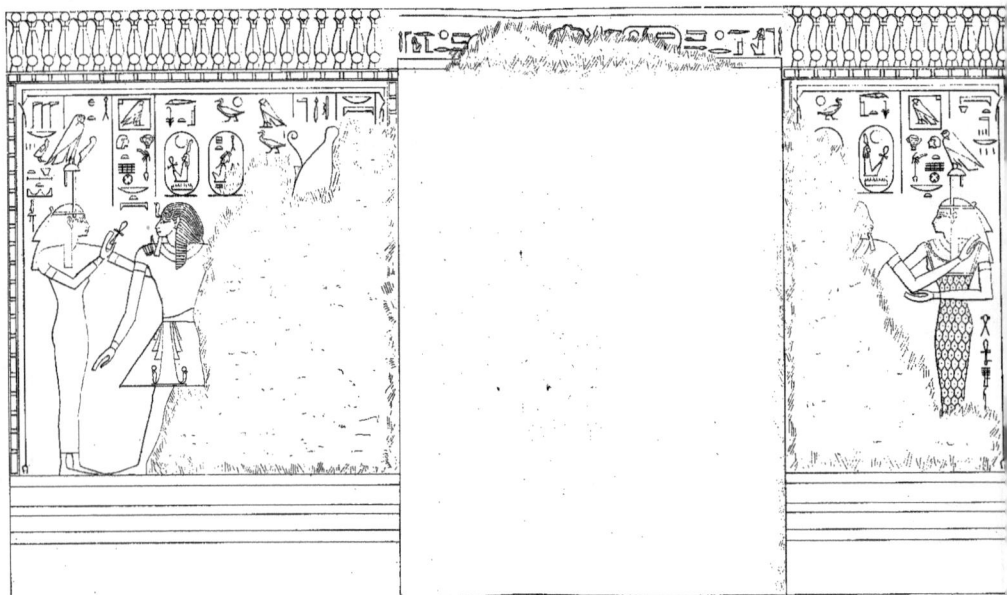

DEUXIÈME PETITE SALLE. — PAROI D'ENTRÉE.

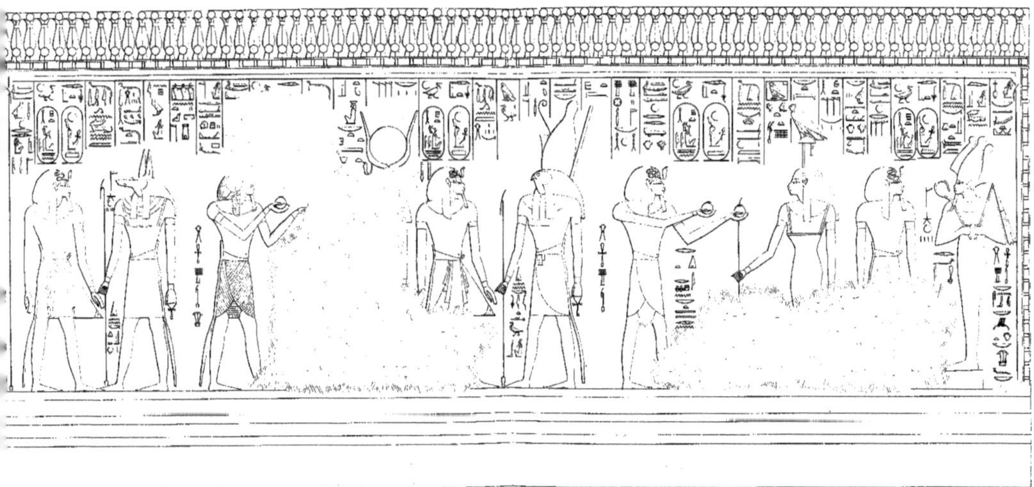

Imp. sur Zinc. Monrocq, Paris

Ch. CHÉDIAC, del. & Autog.

DEUXIÈME PETITE SALLE. — PAROI GAUCHE.

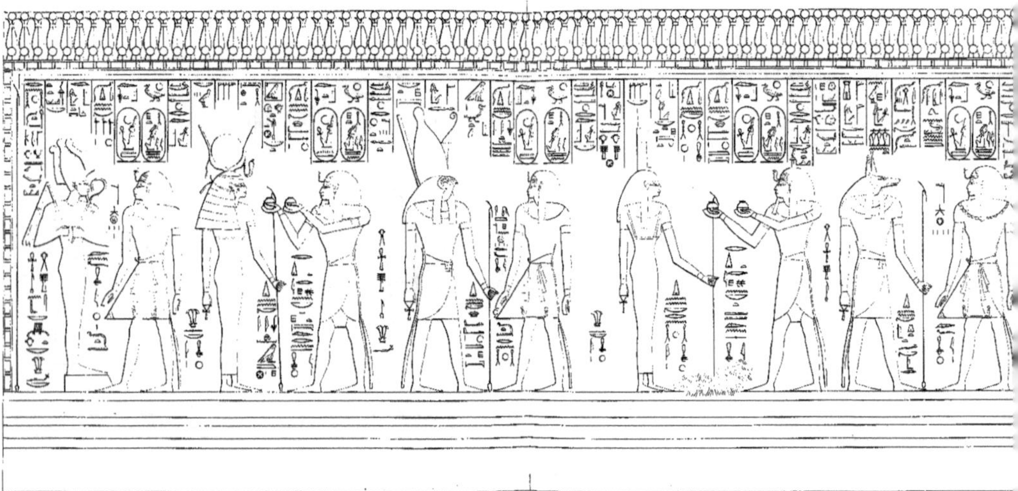

Imp. sur Zinc. Monrocq, Paris

Ch. CHÉDIAC, del

DEUXIÈME PETITE SALLE. — PAROI DROITE.

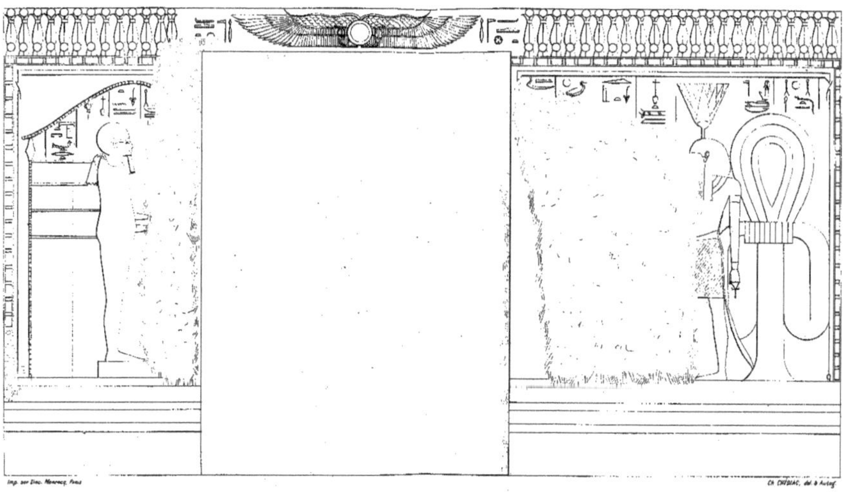

Imp. sur Zinc. Monrocq, Paris

Ch. CHÉDIAC, del. & Autog.

DEUXIÈME PETITE SALLE. — PAROI DU FOND.

QUATRIÈME PARTIE

1 a 50

1

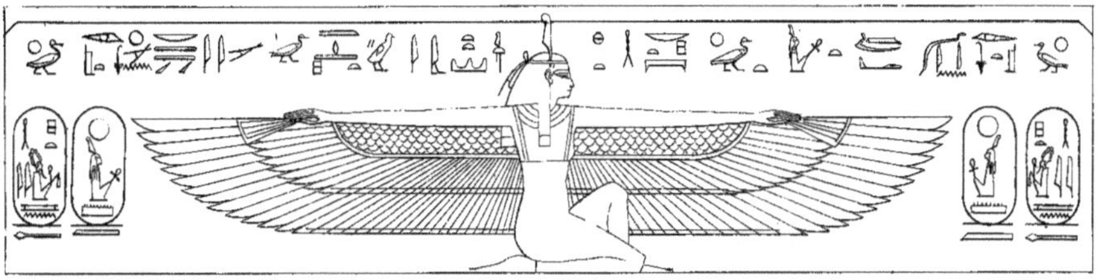

3

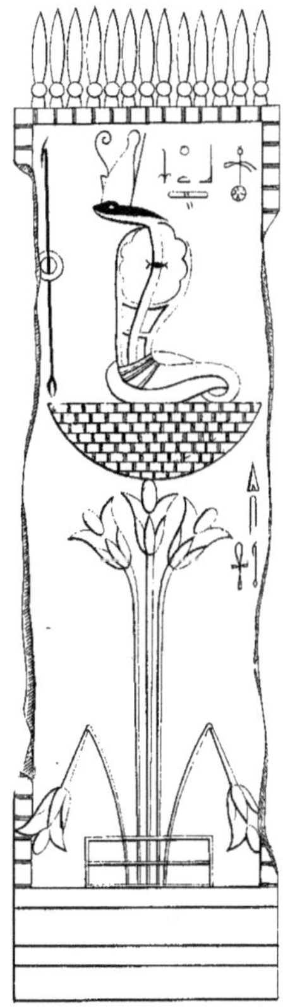

4

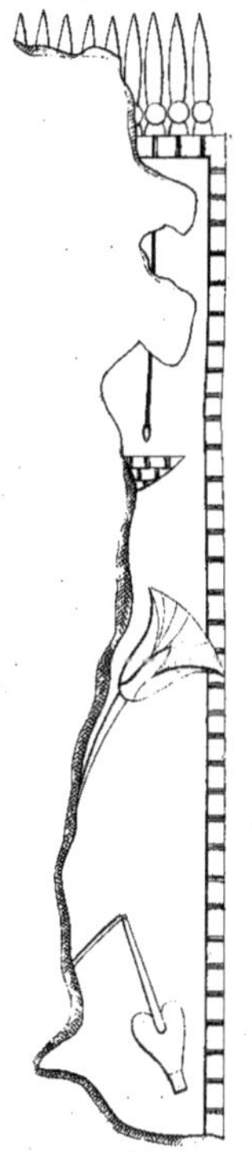

2

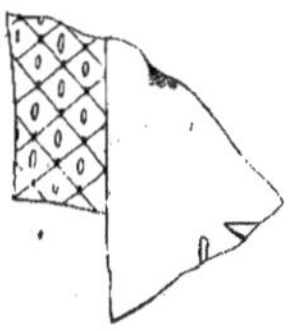

GRANDE SALLE (avant la voûte). — PORTE D'ENTRÉE.

1. — BANDEAU INTÉRIEUR.
2. — 1er JAMBAGE GAUCHE. — MILIEU.
3. — 2e JAMBAGE GAUCHE. — MILIEU.
4. — 2e JAMBAGE DROIT. — MILIEU.

PL. I.

Vykones

9f.

2/H Saute…

Même principe que dans le livre du Dâat :
l'obscurité des domaines est interrompue au [illegible]
du passage de la barque, elle revient avant le
avant le Roi sorti.

— Sur la rive droite les amis de Râ et sur
sur sa rive gauche [ou en haut & en bas],
comme un Pharaon entouré dans ses
fertiles champs, moissons, fruits des [illegible]
d'autres [illegible] comme au Dâat.

Alimentés les terres dessus de lancer leurs flammes [illegible]
Momies recouvrent la barque solaire qui [illegible]
équipage réduit.

La 1ère partie est sur le feu, les autres ont [illegible] avancé
comme une forteresse. Un serpent [illegible]
[illegible] royaume d'Osiris [illegible] de Morts [illegible]
Celui qui [illegible] les [illegible] à 12 heures.

Toutefois, différence avec le livre du Dâat, [illegible]
d'Osiris [illegible] de Sôkaris. C'est le [illegible]
[illegible] Khontamenti. Le tribunal d'Osiris [illegible]
la 6e heure. Les bienheureux [illegible]
sont attachés au poteau d'exécution, [illegible] on
la 8e heure, et jusqu'à la 11e heure. A la 12e
pour pencher sous la voûte de Nout — [illegible]
pour l'embarquement dans la barque Mâdit : Nout
le [illegible] sur le corps d'Osiris replié en [illegible]
le soleil sans [illegible] —

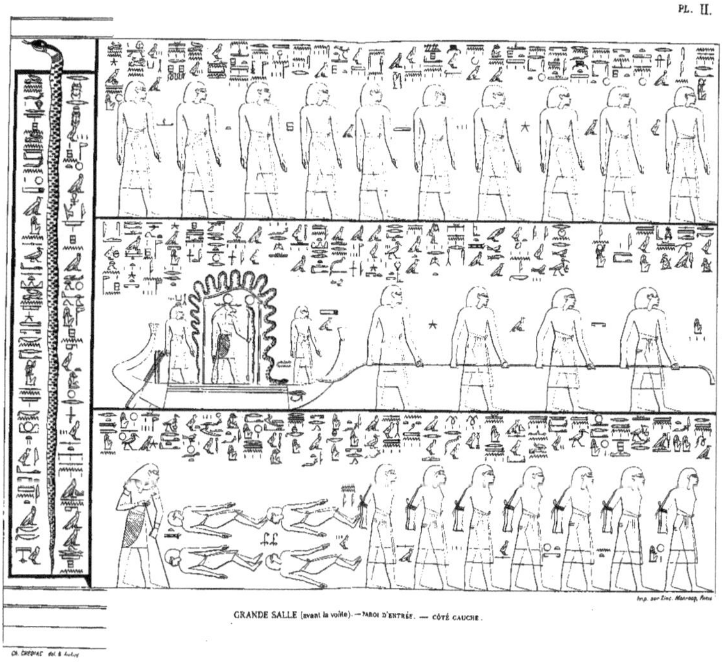

Imp. sur Zinc. Monrocq, Paris

GRANDE SALLE (avant la voûte). — PAROI D'ENTRÉE. — CÔTÉ GAUCHE.

Ch. Chédiac del. & Autog.

PL. III.

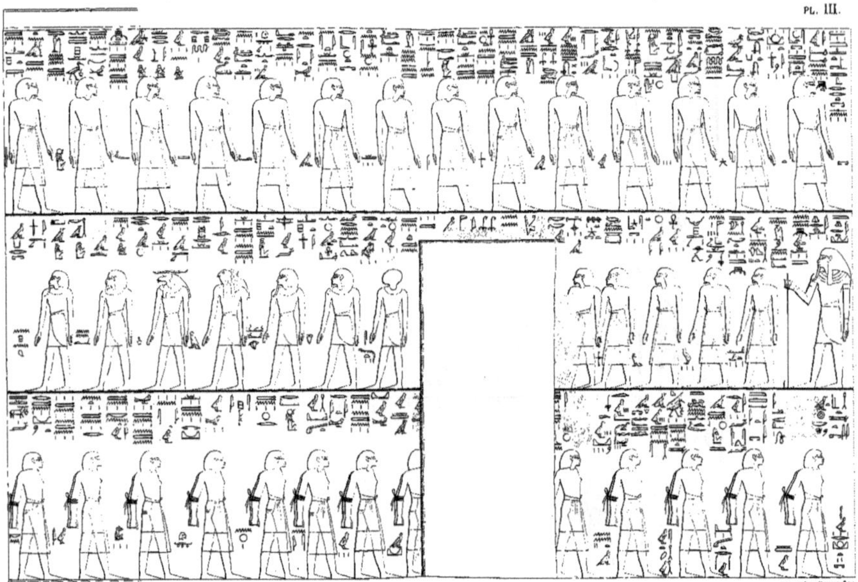

Ch. Chédiac, del. & autog. Imp. sur Zinc. Monrocq, Paris

GRANDE SALLE (avant la voûte). — PAROI GAUCHE.

4e p 4

PL. IV.

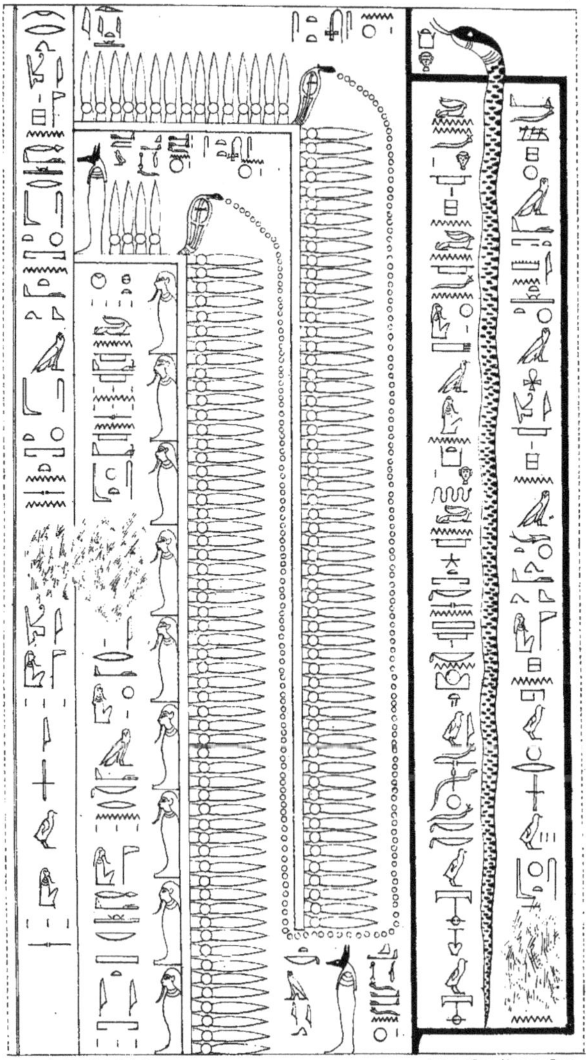

Ch. CHÉDIAC, del. & Autog. Imp. sur Zinc Monrocq, Paris

GRANDE SALLE (avant la voûte). -- PAROI GAUCHE (suite).

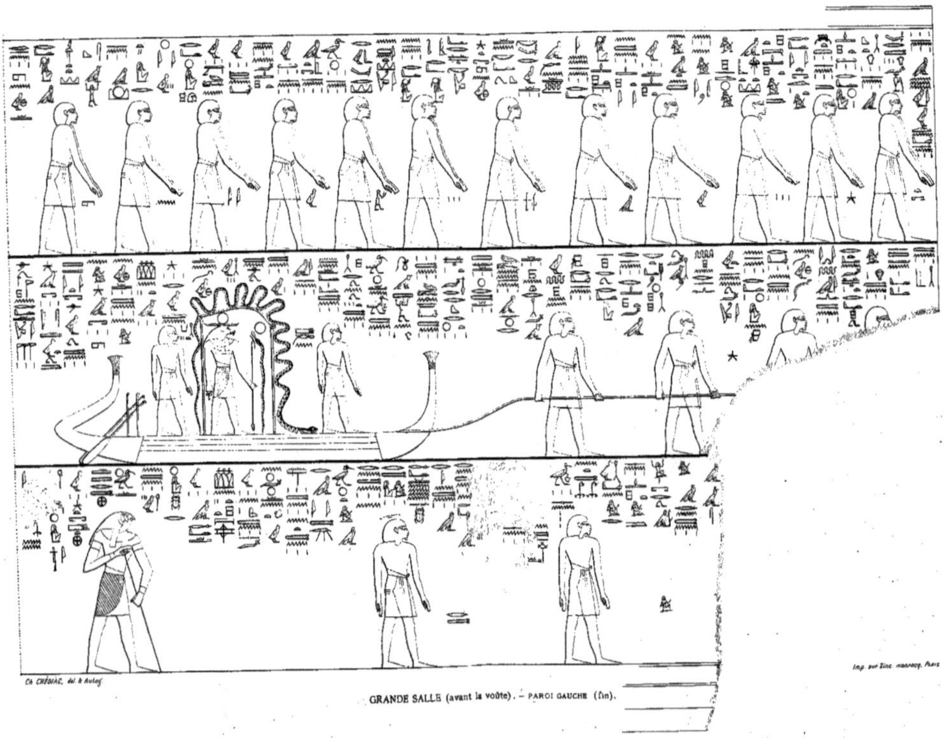

Ch CHÉDIAC, del. & Autog.

Imp. sur Zinc monrocq, Paris

GRANDE SALLE (avant la voûte). — PAROI GAUCHE (fin).

JAMBAGE GAUCHE. — MILIEU.

JAMBAGE DROIT. — MILIEU.

Imp. sur Zinc. Monrocq. Paris

Ch. CHÉDIAC, del. & Autog.

GRANDE SALLE (avant la voûte). — COTÉ GAUCHE.

CHAMBRE ANNEXE. — PORTE.

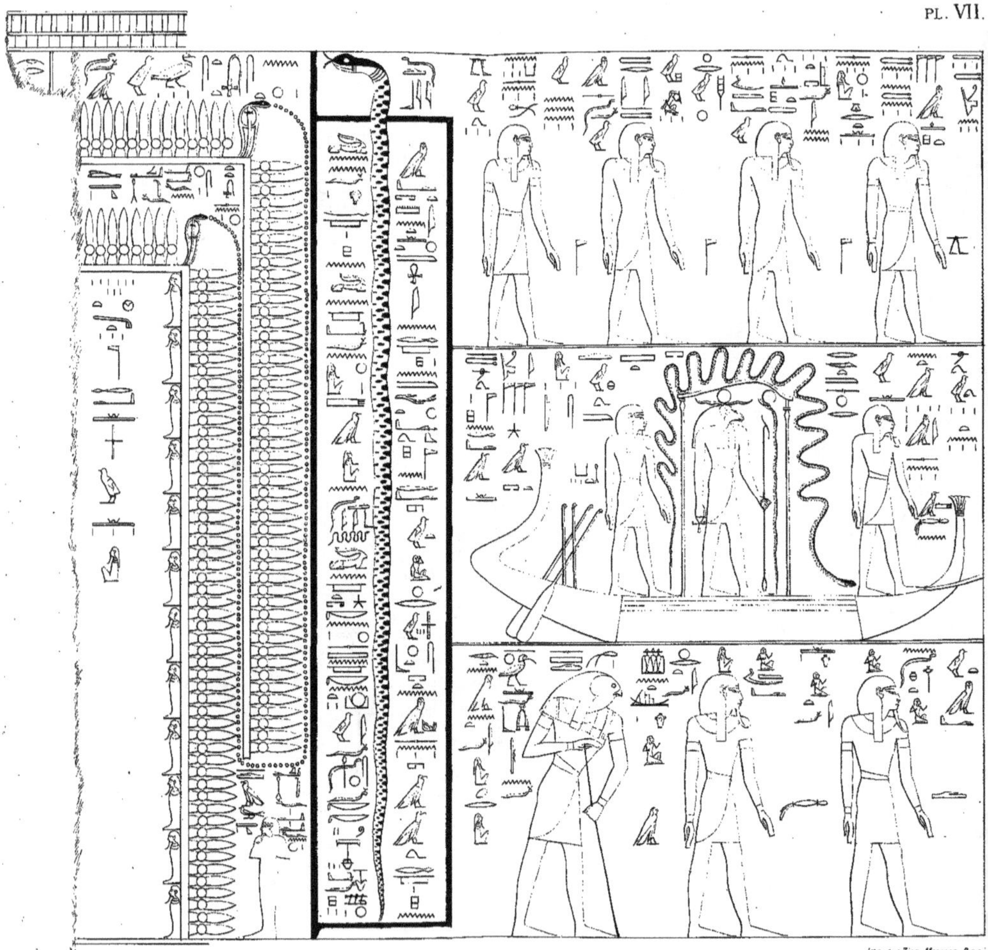

Imp. sur Zinc Monrocq, Paris

U.B.

Ch. CHÉDIAC, del. & Autog.

GRANDE SALLE (avant la voûte). — COTÉ GAUCHE.

CHAMBRE ANNEXE. — PAROI D'ENTRÉE. — COTÉ GAUCHE.

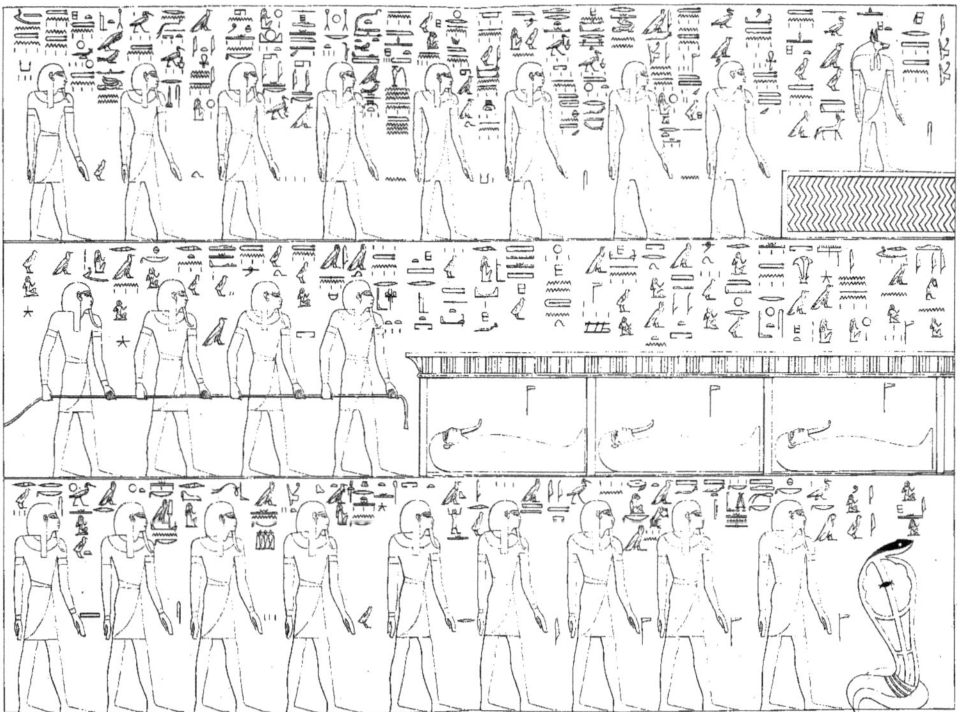

Ch. CHEDIAC, del. & Autog. Imp. sur Zinc Monrocq, Paris

U. B.

GRANDE SALLE (avant la voûte). — COTÉ GAUCHE.
CHAMBRE ANNEXE. — PAROI GAUCHE.

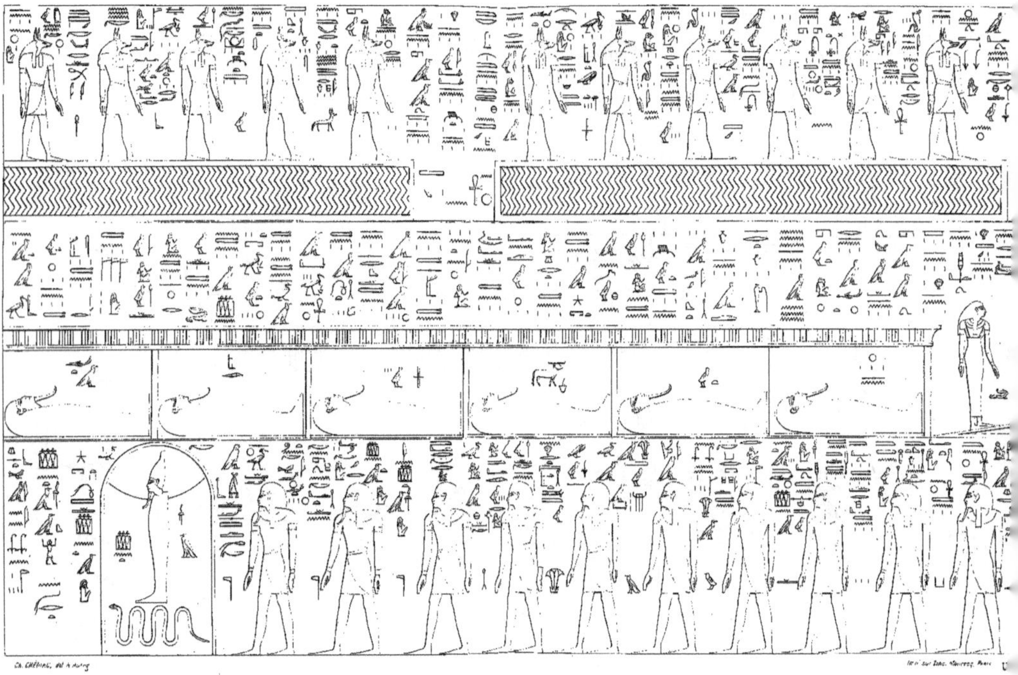

Ch. CHÉDIAC, del. & autog.

Imp. sur Zinc. Monrocq, Paris

GRANDE SALLE (avant la voûte). — COTÉ GAUCHE.
CHAMBRE ANNEXE. — PAROI DU FOND.

PL. X.

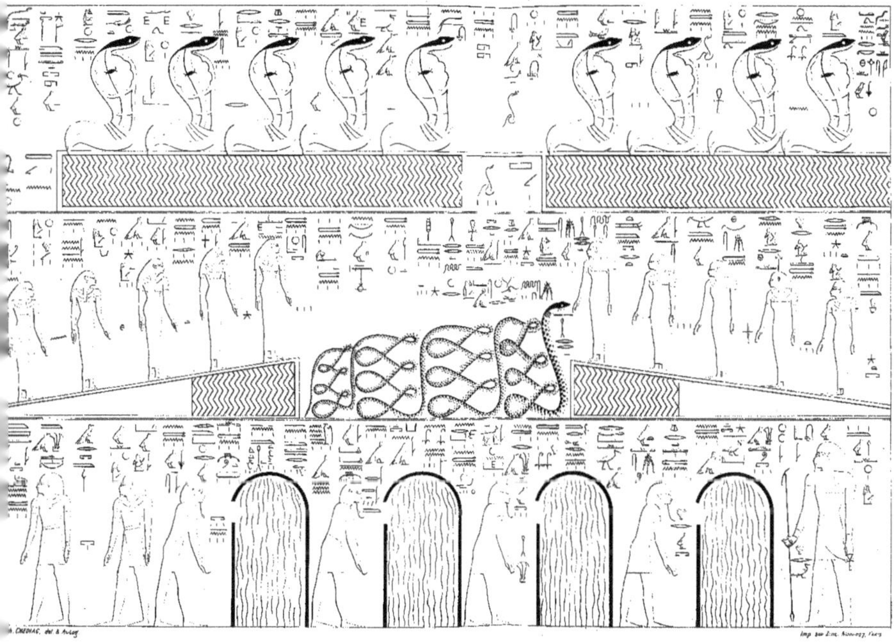

h. CHEDIAC, del. & Autog.

U.B.

GRANDE SALLE (avant la voûte). — COTÉ GAUCHE.
CHAMBRE ANNEXE. — PAROI DROITE.

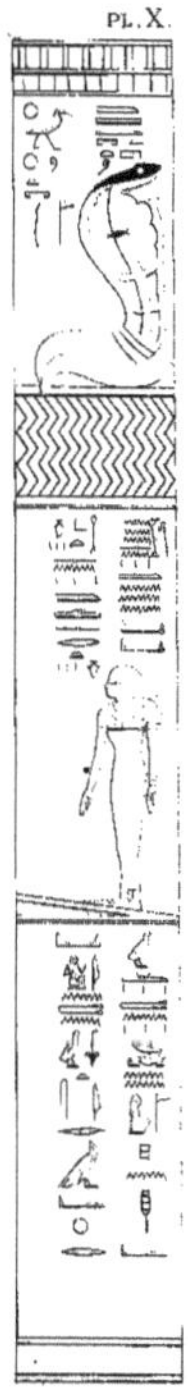

PAROI D'ENTRÉE,
COTÉ DROIT.

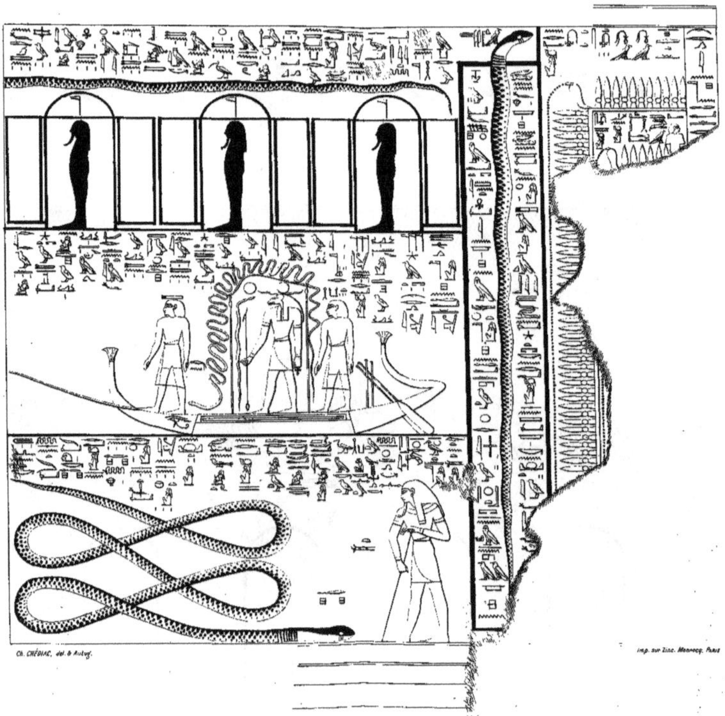

Ch. CHÉDIAC, del. & Autog.

Imp. sur Zinc. Monrocq. Paris

V. L.

GRANDE SALLE (avant la voûte). — PAROI D'ENTRÉE. — COTÉ DROIT.

Ch. LHÉDIAC, del. & Autog.

GRANDE SALLE (avant la voûte). — PAROI DROITE.

Ch. CHÉDIAC del. & Autog.

Imp. sur Zinc. Monrocq Paris

GRANDE SALLE (avant la voûte). — PAROI DROITE (suite).

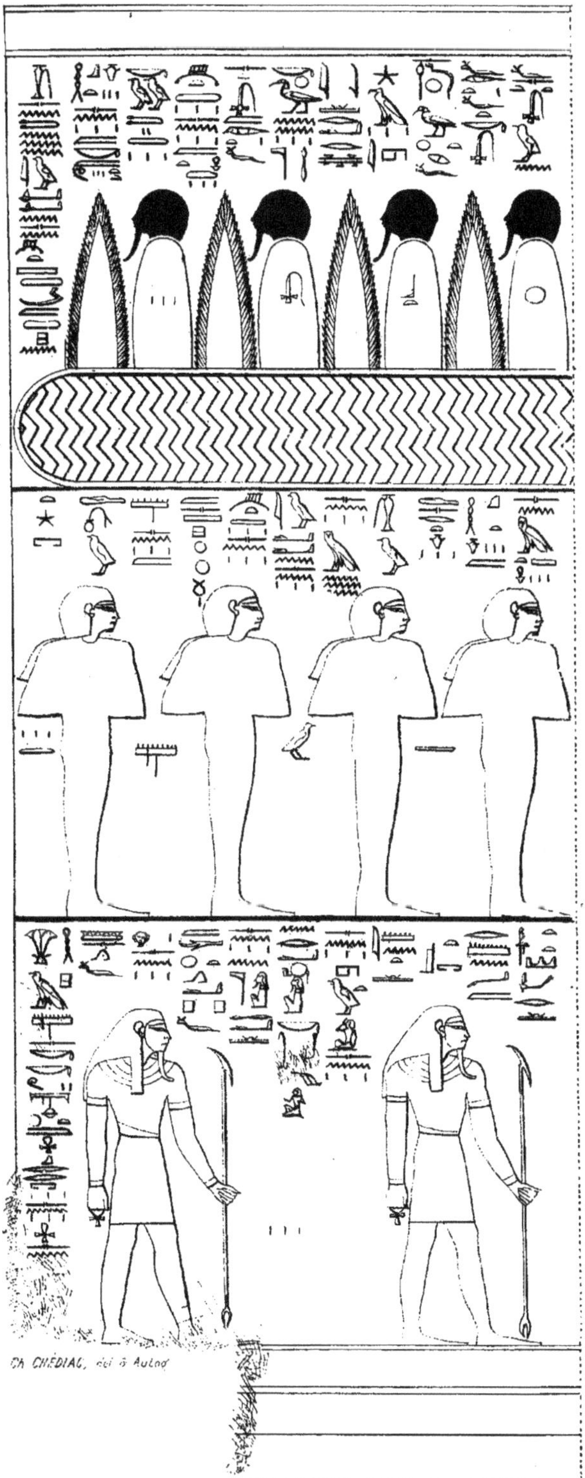

Ch. CHÉDIAC, del. & Autog.

Imp. sur Zinc. Monrocq, Paris

GRANDE SALLE (avant la voûte). — PAROI DROITE (fin). V. L.

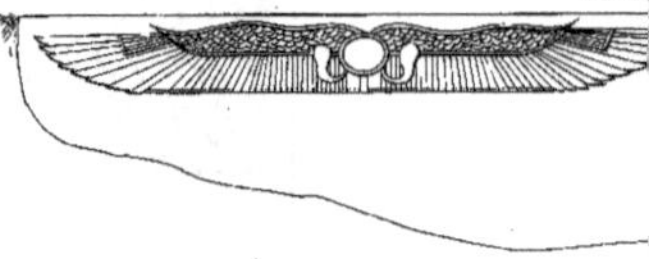

PORTE. — BANDEAU INTÉRIEUR.

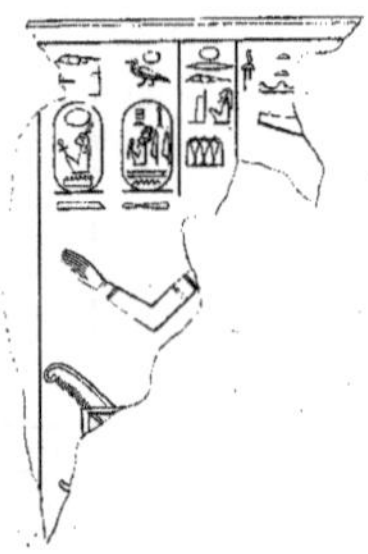

PORTE — JAMBAGE DROIT. MILIEU.

21 20 19 18 17 16 15 14 13 12 11 10 9 8 7 6 5 4 3 2 1

GRANDE SALLE (avant la voûte). — COTÉ DROIT.
CHAMBRE ANNEXE. — PAROI D'ENTRÉE :
PORTE ET COTÉ DROIT.

Ch. CHÉDIAC, del. & Autog.

Imp. sur Zinc. Monrocq

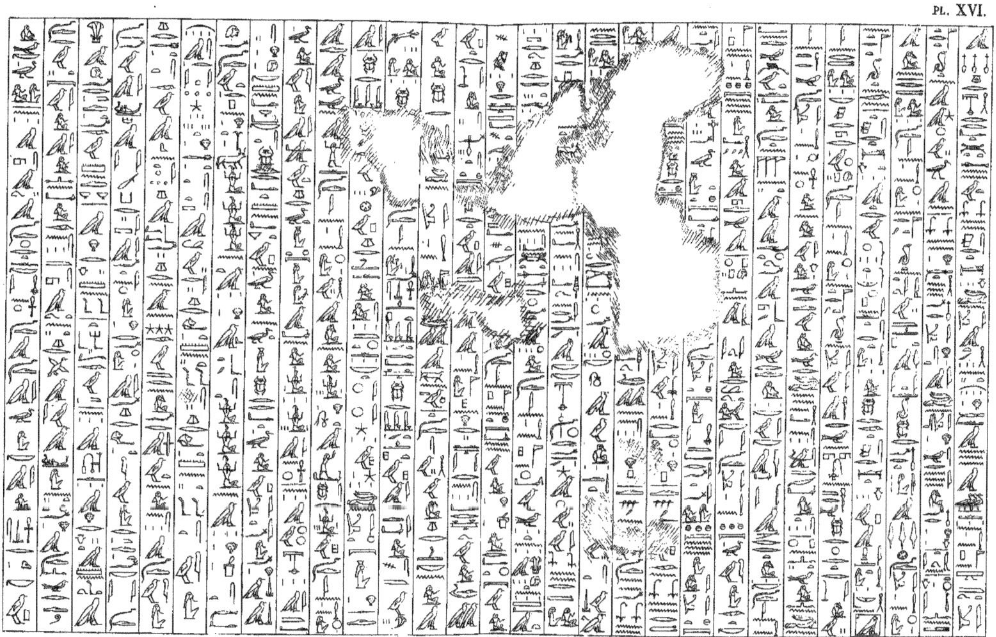

50 49 48 47 46 45 44 43 42 41 40 39 38 37 36 35 34 33 32 31 30 29 28 27 26 25 24 23 22

GRANDE SALLE (avant la voûte). — COTÉ DROIT.

CHAMBRE ANNEXE. — PAROI DROITE.

Ch. CHÉDIAC, del. & Autog.

Imp. sur Zinc. Monrocq, Paris

PL. XVI

62 61 60 59 58 57 56 Ch. Chédiac, del. & Autog. Imp. sur Zinc. Monrocq. Paris 55 54 53 52

GRANDE SALLE (avant la voûte). — COTÉ DROIT.
CHAMBRE ANNEXE. — PAROI DU FOND.

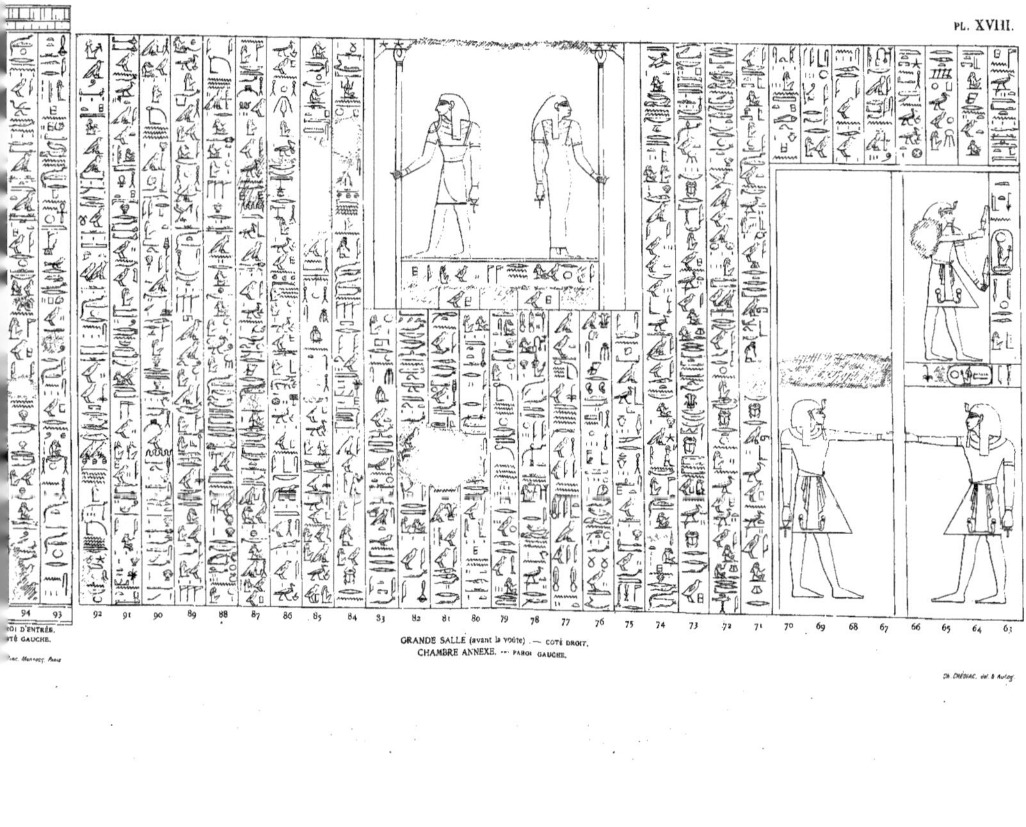

...OI D'ENTRÉE, ...TÉ GAUCHE.

GRANDE SALLE (avant la voûte). — CÔTÉ DROIT.
CHAMBRE ANNEXE. — PAROI GAUCHE.

Imp. Manzoni, Paris

Ch. CHÉDIAC, del. & Autog.

PREMIER PILIER DE GAUCHE.
1. — ENTRÉE.

PREMIER PILIER DE GAUCHE.
2. — GAUCHE.

PREMIER PILIER DE GAUCHE.
3. — FOND.

PREMIER PILIER DE GAUCHE.
4. — DROITE.

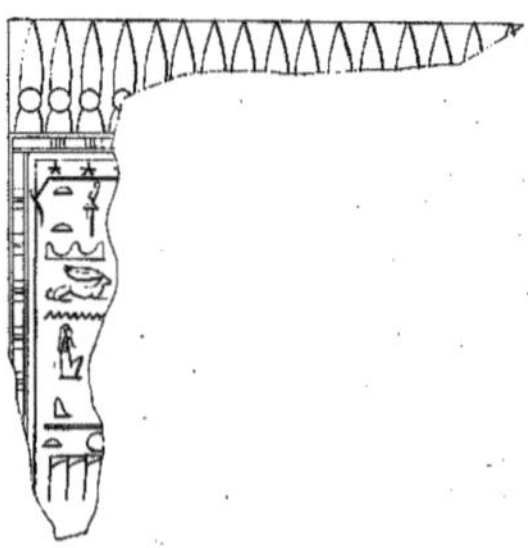

SECOND PILIER DE GAUCHE.
1. — ENTRÉE.

SECOND PILIER DE GAUCHE.
2. — GAUCHE.

PL. XIX.

GRANDE SALLE (avant la voûte).
PILIERS.

Ch. Chédiac, Autog.

Imp. sur Zinc. Monr

DEUXIÈME PILIER DE GAUCHE.
3. — FOND.

DEUXIÈME PILIER DE GAUCHE.
4. — DROITE.

TROISIÈME PILIER DE GAUCHE.
1. — ENTRÉE.

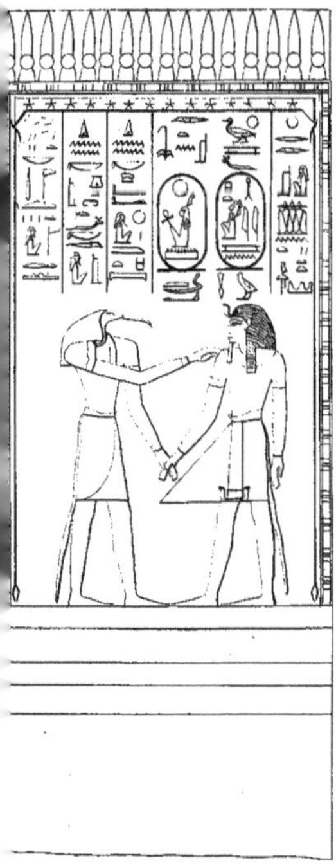

TROISIÈME PILIER DE GAUCHE.
2. — GAUCHE.

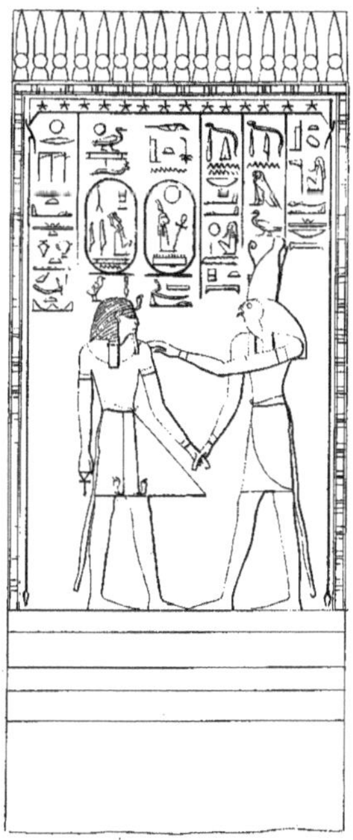

TROISIÈME PILIER DE GAUCHE.
3. — FOND.

TROISIÈME PILIER DE GAUCHE.
4. — DROITE.

Ch. CHÉDIAC, del. & Autog.

GRANDE SALLE (avant la voûte). — PILIERS (suite).

Imp. sur Zinc. Monrocq, Paris

PL. XX.

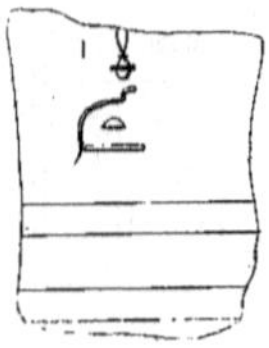

Fragment isolé qui se trouve entre le 3e pilier de gauche et le 3e pilier de droite.

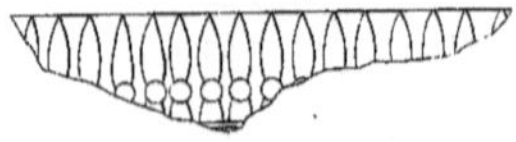

PREMIER PILIER DE DROITE.
2. — GAUCHE.

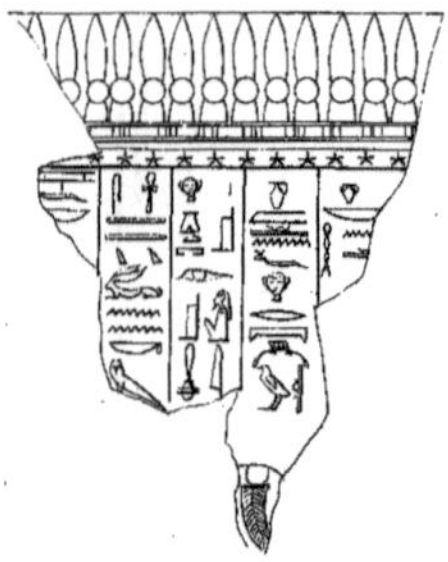

PREMIER PILIER DE DROITE.
1. — ENTRÉE.

PREMIER PILIER DE DROITE,
2. — GAUCHE.
Fragment détaché appuyé contre cette face du pilier.

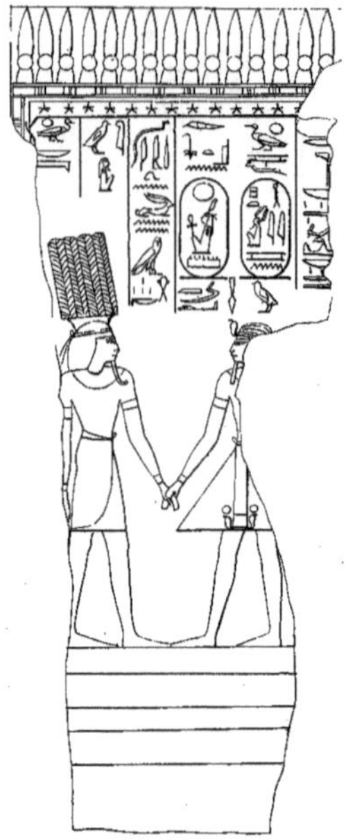

PREMIER PILIER DE DROITE.
3. — FOND.

PREMIER PILIER DE DROITE,
4. — DROITE.

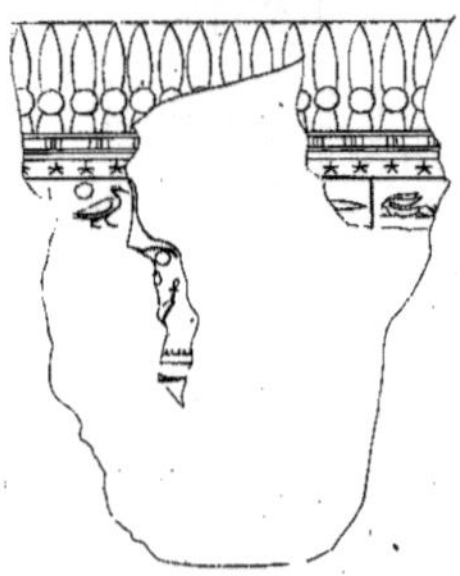

SECOND PILIER DE DROITE.
1. — ENTRÉE.

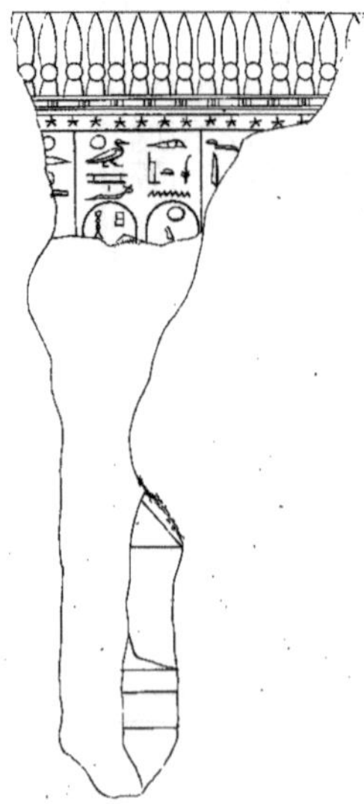

PREMIER PILIER DE DROITE.
3. — FOND.

PL. XXI.

GRANDE SALLE (avant la voûte).
PILIERS (suite).

Ch. Chédiac, Autog.

Imp. sur Zinc. Monrocq, Paris

TROISIÈME PILIER DE DROITE.
1. — ENTRÉE.

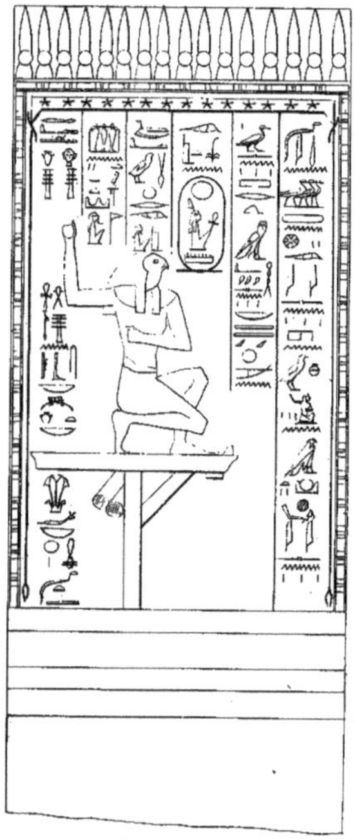

TROISIÈME PILIER DE DROITE.
2. — GAUCHE.

TROISIÈME PILIER DE DROITE.
3. — FOND.

TROISIÈME PILIER DE DROITE.
4. — DROITE.

Ch. CHÉDIAC, del. & Autog.

GRANDE SALLE (avant la voûte). — PILIERS (fin).

Imp. sur Zinc. Monrocq, PARIS

PL. XXII.

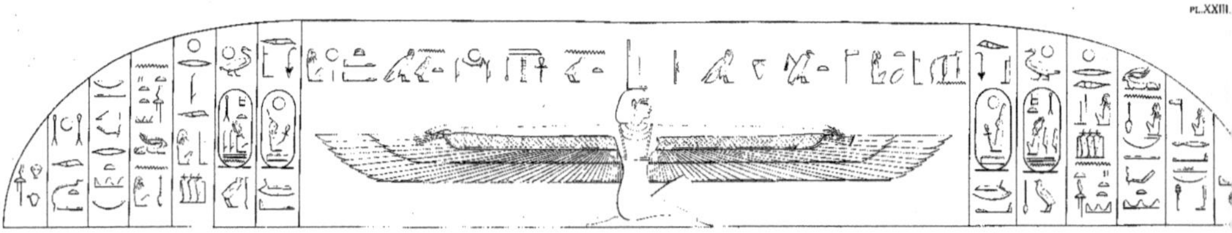

GRANDE SALLE (sous la voûte).
PAROI GAUCHE (Partie supérieure).

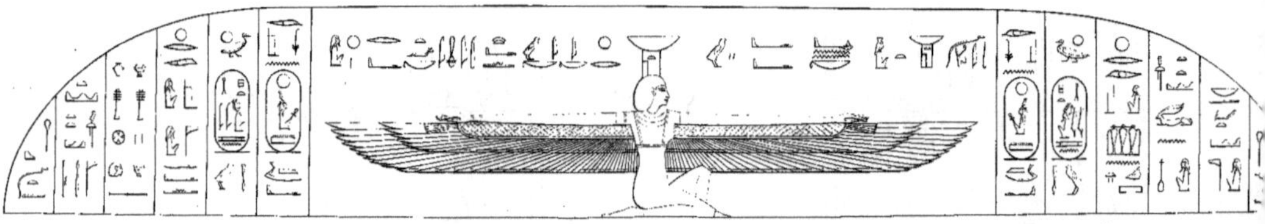

GRANDE SALLE (sous la voûte).
PAROI DROITE (Partie supérieure).

GRANDE SALLE (sous la voûte). — PAROI GAUCHE.

U.B.

PL. XXIV.

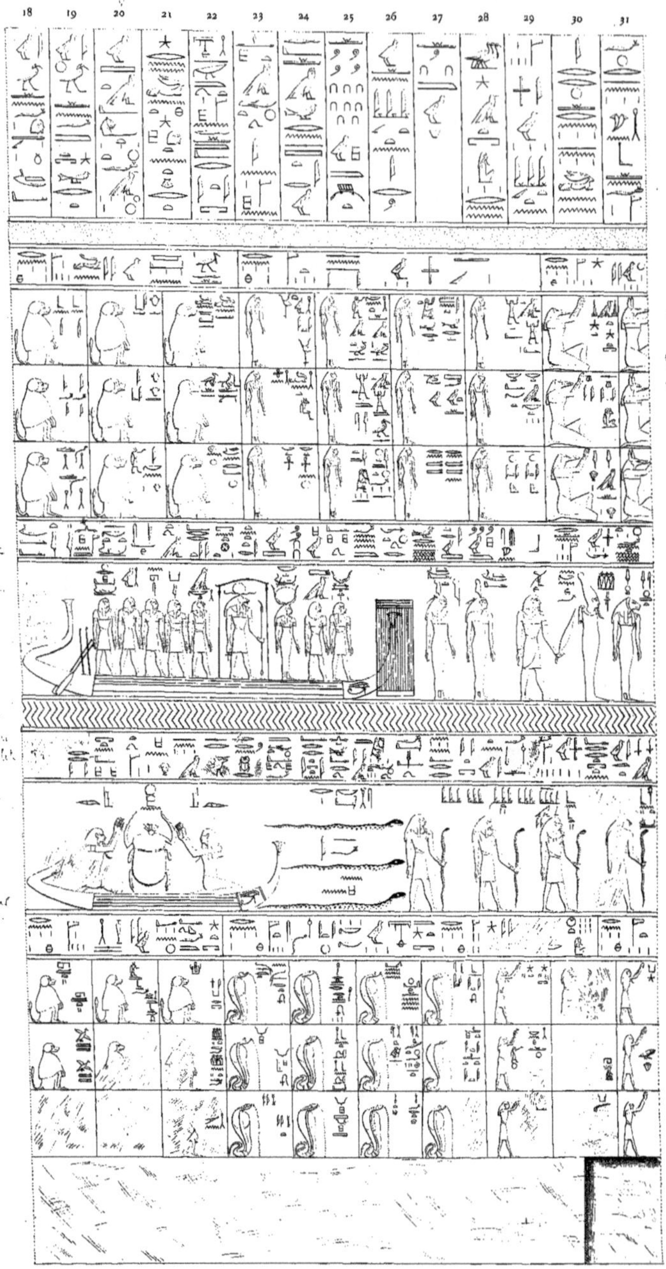

PL. XXV.

U.B.

GRANDE SALLE (sous la voûte). — PAROI GAUCHE (suite).

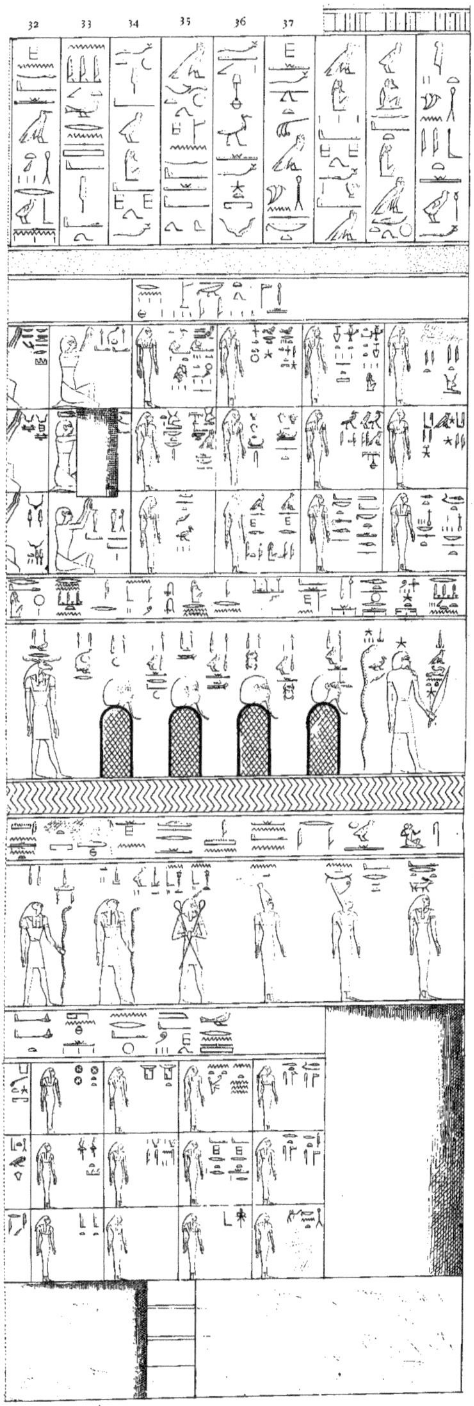

U.B.

GRANDE SALLE (sous la voûte). -- PAROI GAUCHE (suite).

PL. XXVI.

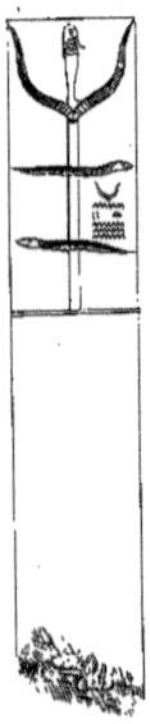

PAROI GAUCHE, 1°

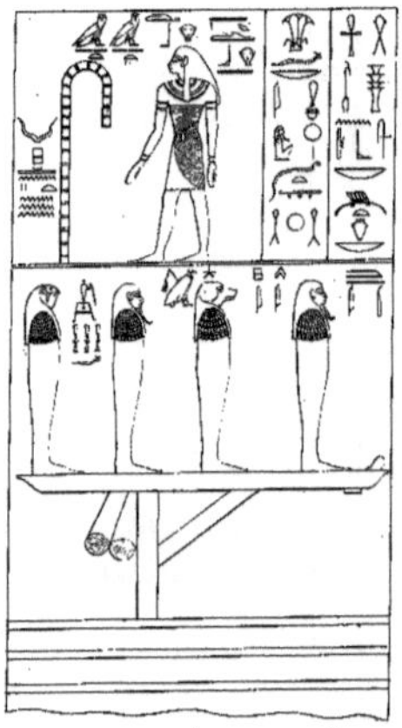

PAROI GAUCHE, 2°

PAROI DU FOND.

Imp. sur Zinc. Monrocq, Paris

PAROI DROITE.

Ch. CHÉDIAC, del. & Autog.

GRANDE SALLE (sous la voûte). — PAROI GAUCHE (fin).

GRANDE NICHE.

PL. XXVIII.

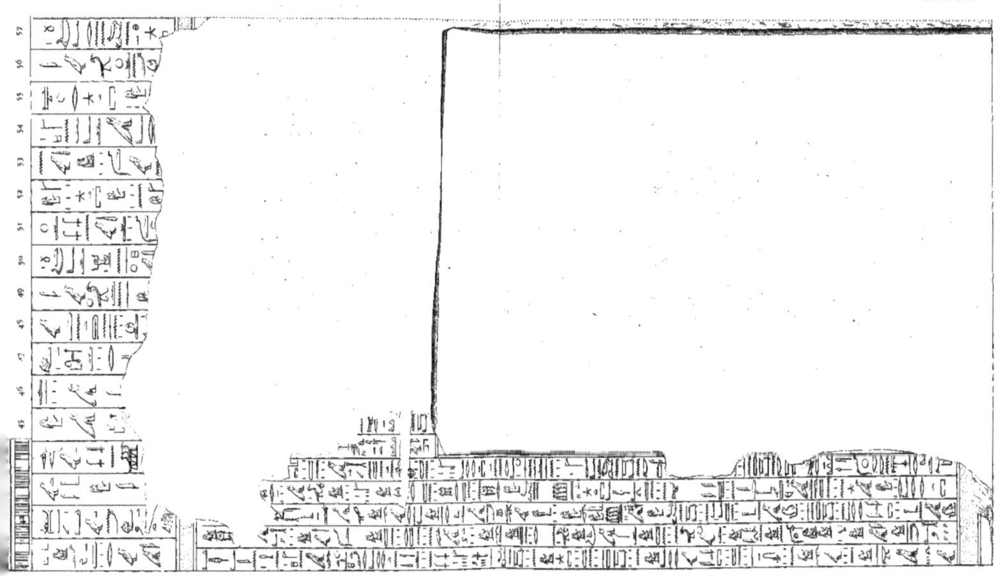

GRANDE SALLE (sous la voûte). — PAROI DU FOND.

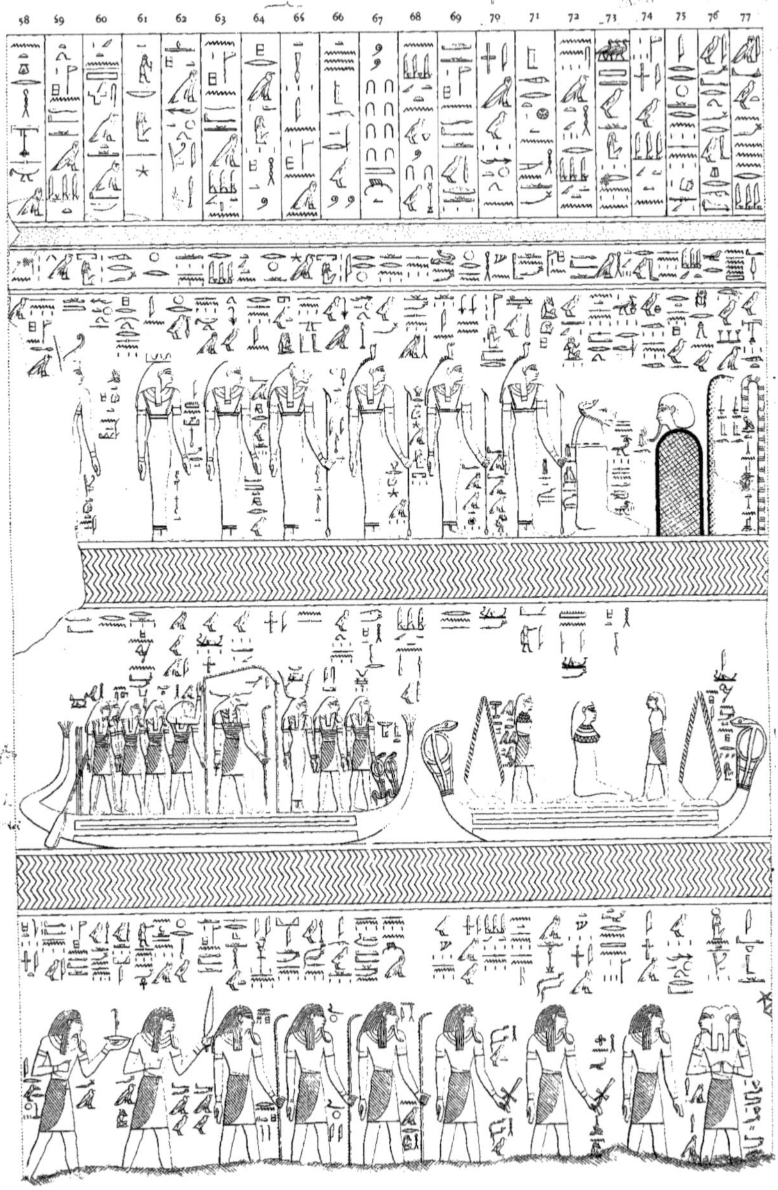

GRANDE SALLE (sous la voûte). — PAROI DU FOND (suite).

PL. XXIX.

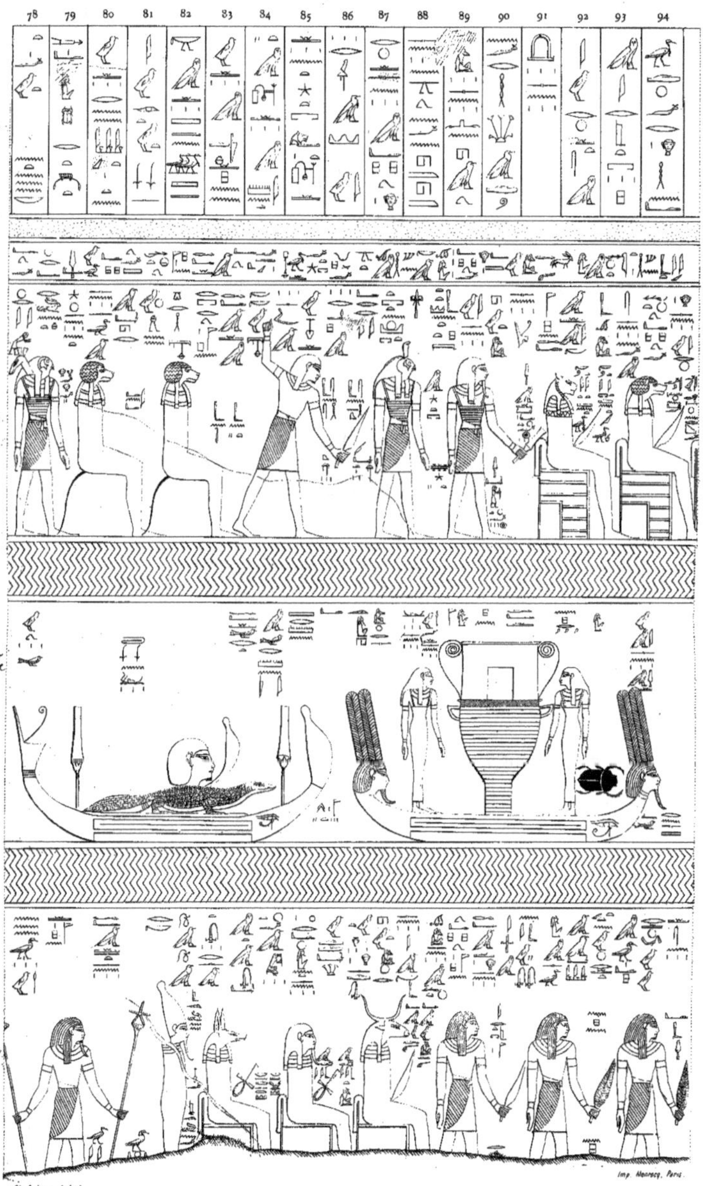

Ch. Chéron, Autog. — Imp. Monrocq, Paris

GRANDE SALLE (sous la voûte). — PAROI DU FOND (suite).

PL. XX.

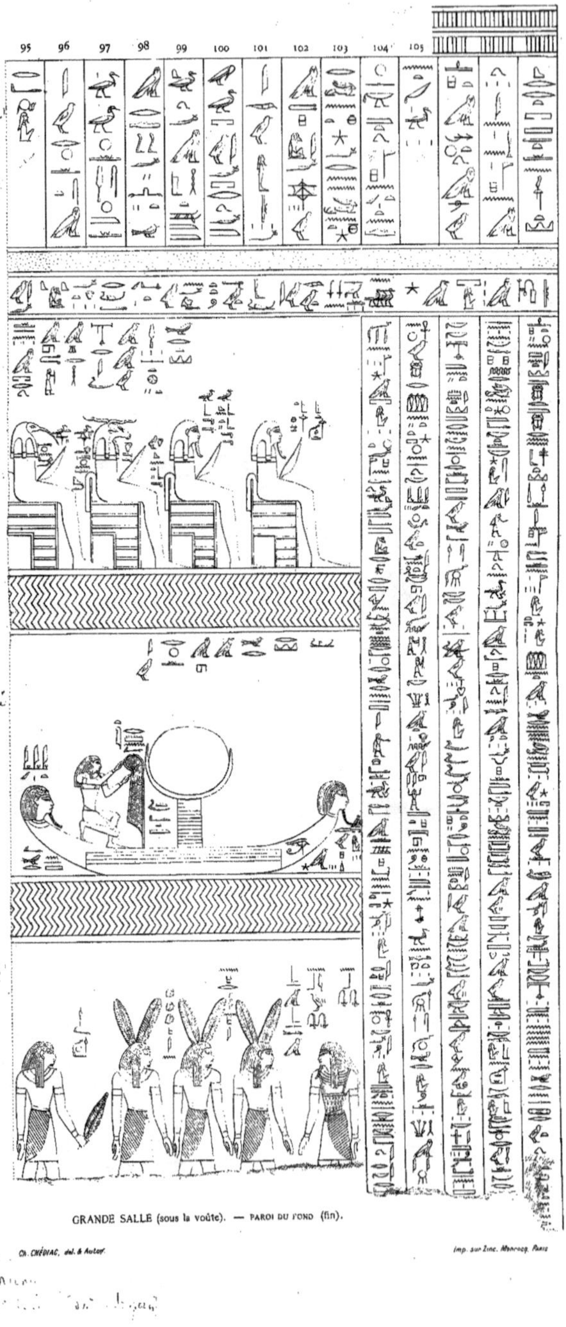

GRANDE SALLE (sous la voûte). — PAROI DU FOND (fin).

Ch. CHÉDIAC, del. & Autog.

Imp. sur Zinc. Monrocq. Paris

PL. XXXI.

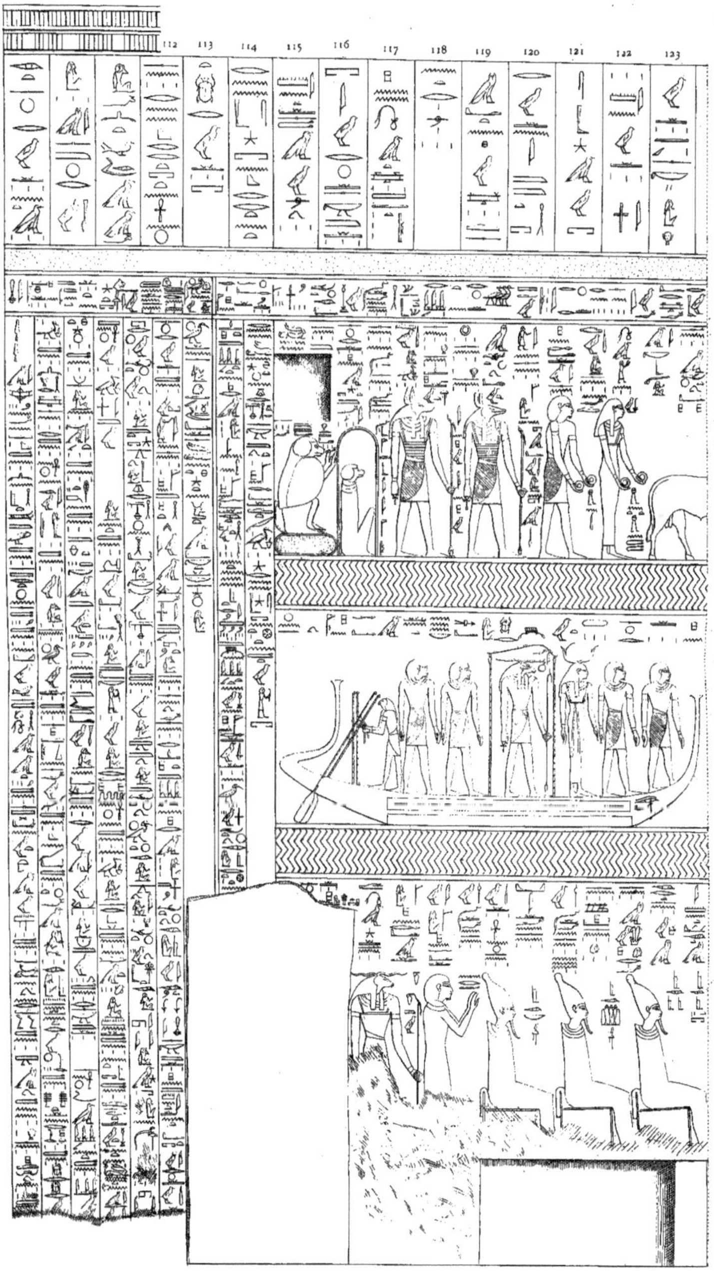

Imp. sur Zinc. Monrocq, Paris

GRANDE SALLE (sous la voûte). — PAROI DROITE.

V. L.

Ch. CHÉDIAC, del. & Autogr.

PL. XXXII.

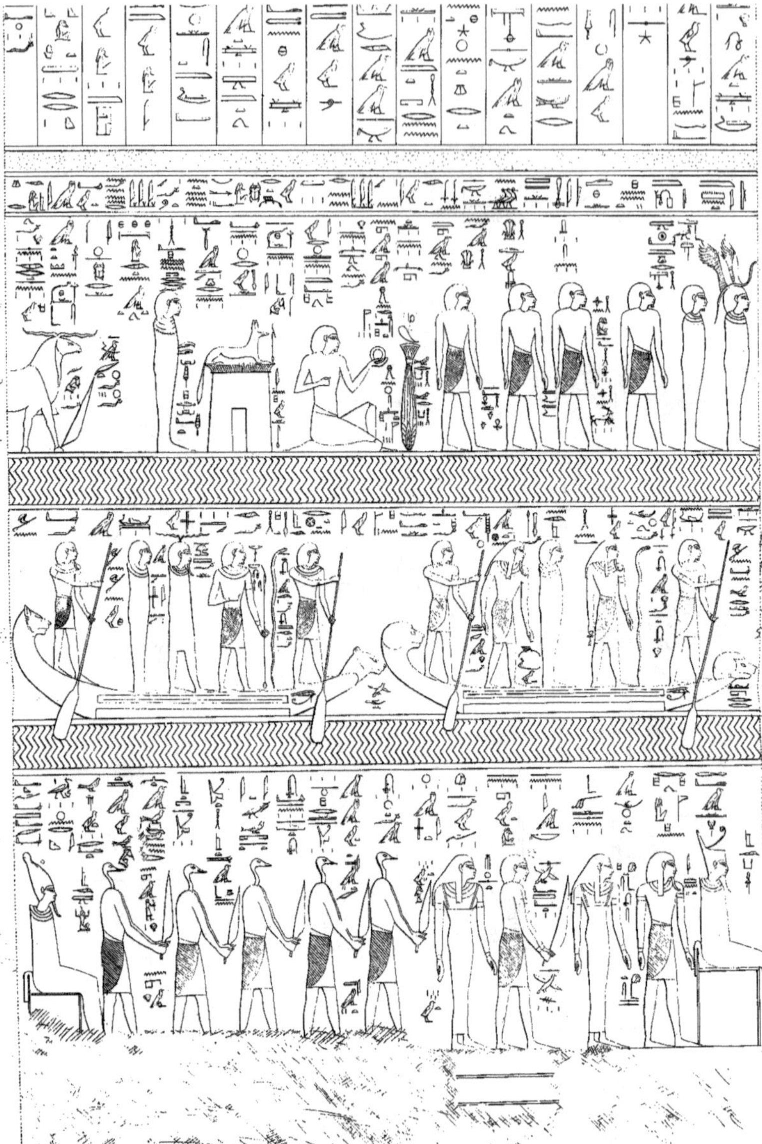

Ch. Chéuac, Autog. | Imp. Monrocq, Paris

GRANDE SALLE (sous la voûte). — PAROI DROITE.

PL. XXXIII.

V.L.

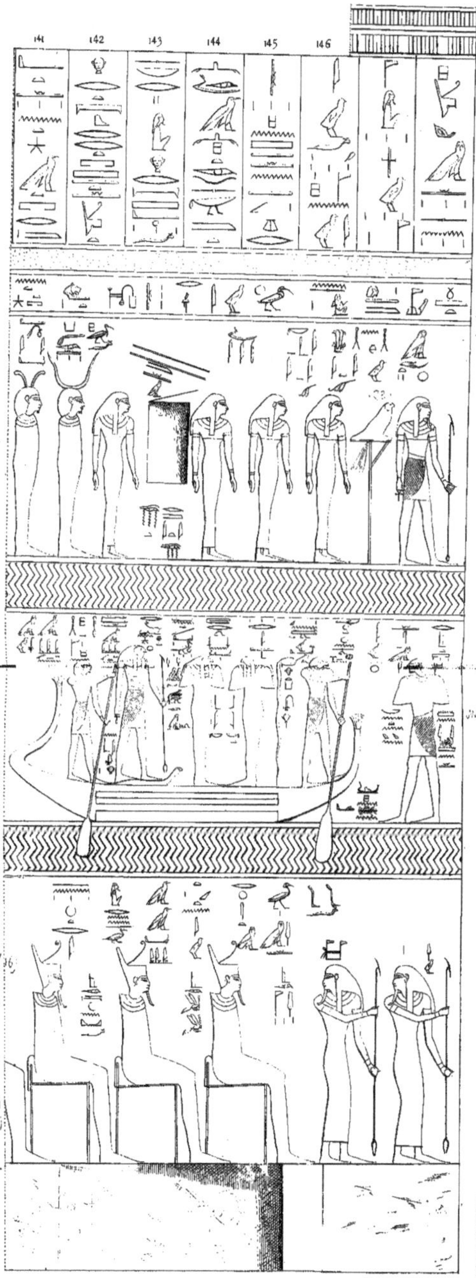

PL. XXXIV.

V. L.

GRANDE SALLE (sous la voûte). — PAROI DROITE (fin).

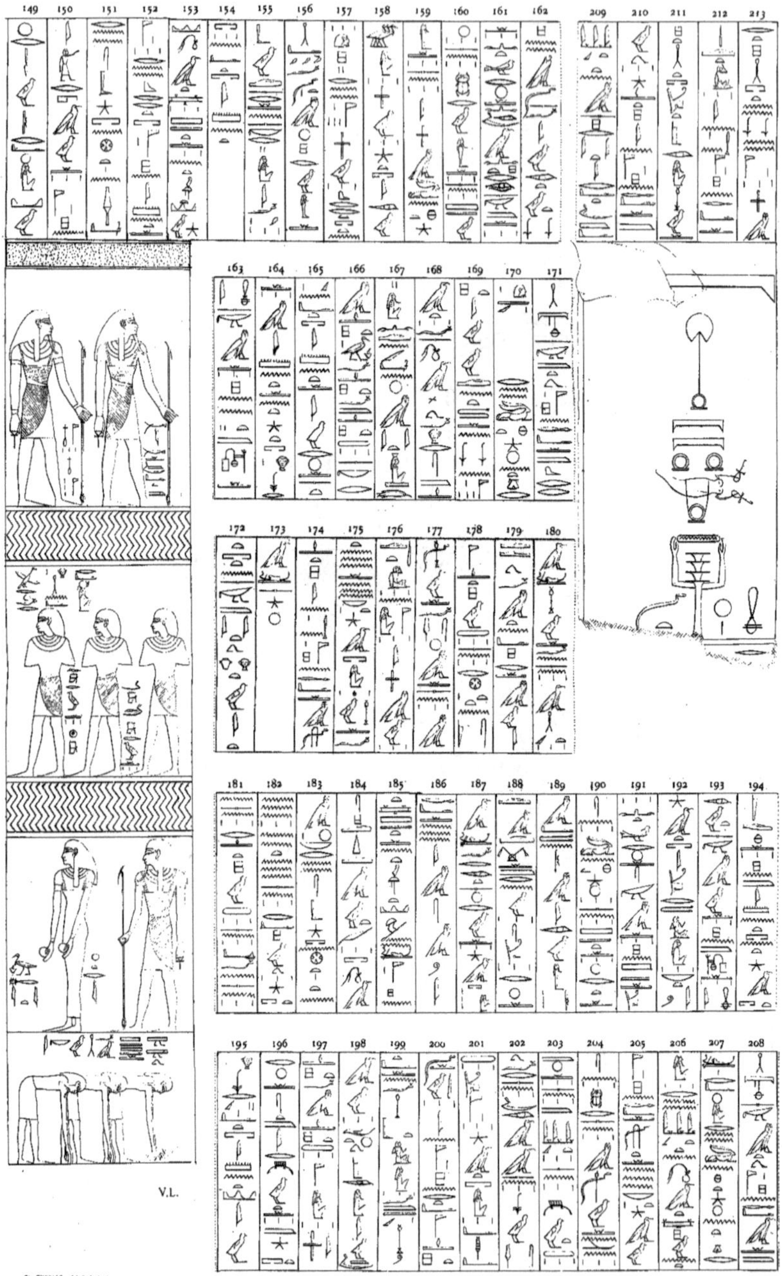

Ch. CHEDIAC, del. & Autog.

GRANDE SALLE (sous la voûte). — PAROI D'ENTRÉE.

U.B.

PL. XXXV.

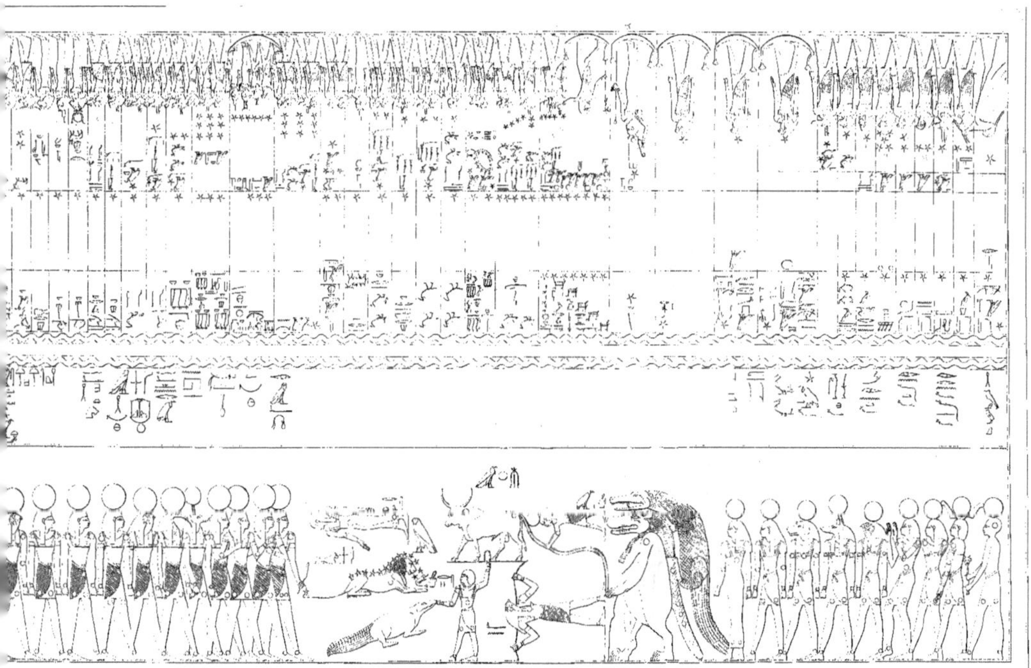

GRANDE SALLE — VOÛTE.

PL. XXXVII.

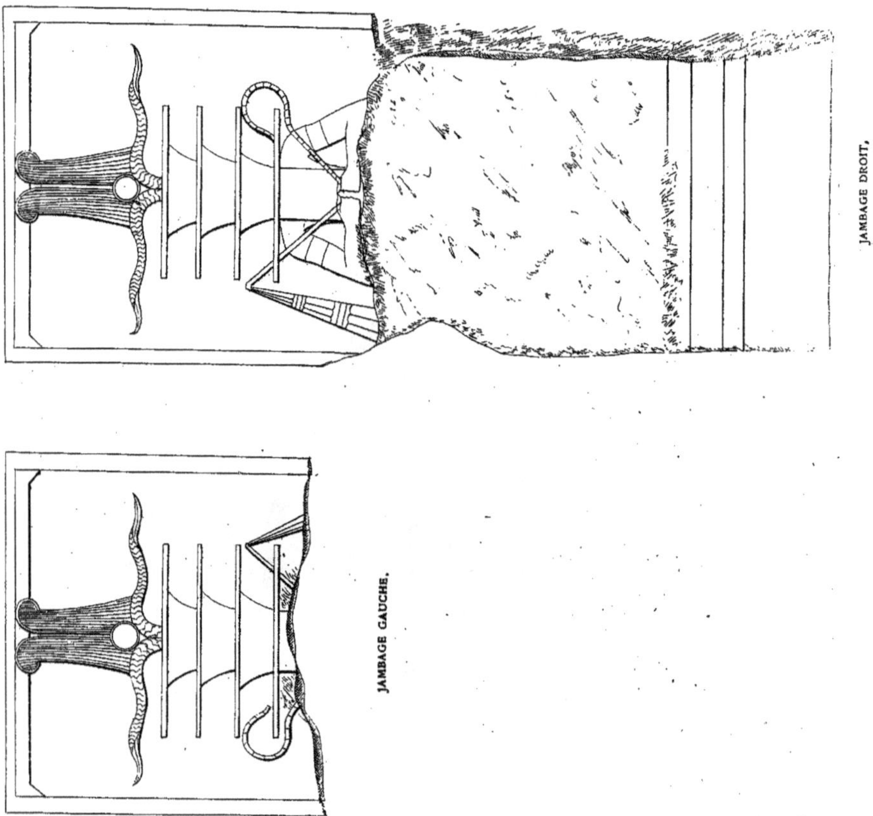

Ch. CHÉDIAC, del. & Autog.

Imp. sur Zinc. Monrocq, Paris

GRANDE SALLE (sous la voûte). — COTÉ GAUCHE.

CHAMBRE ANNEXE. — PORTE.

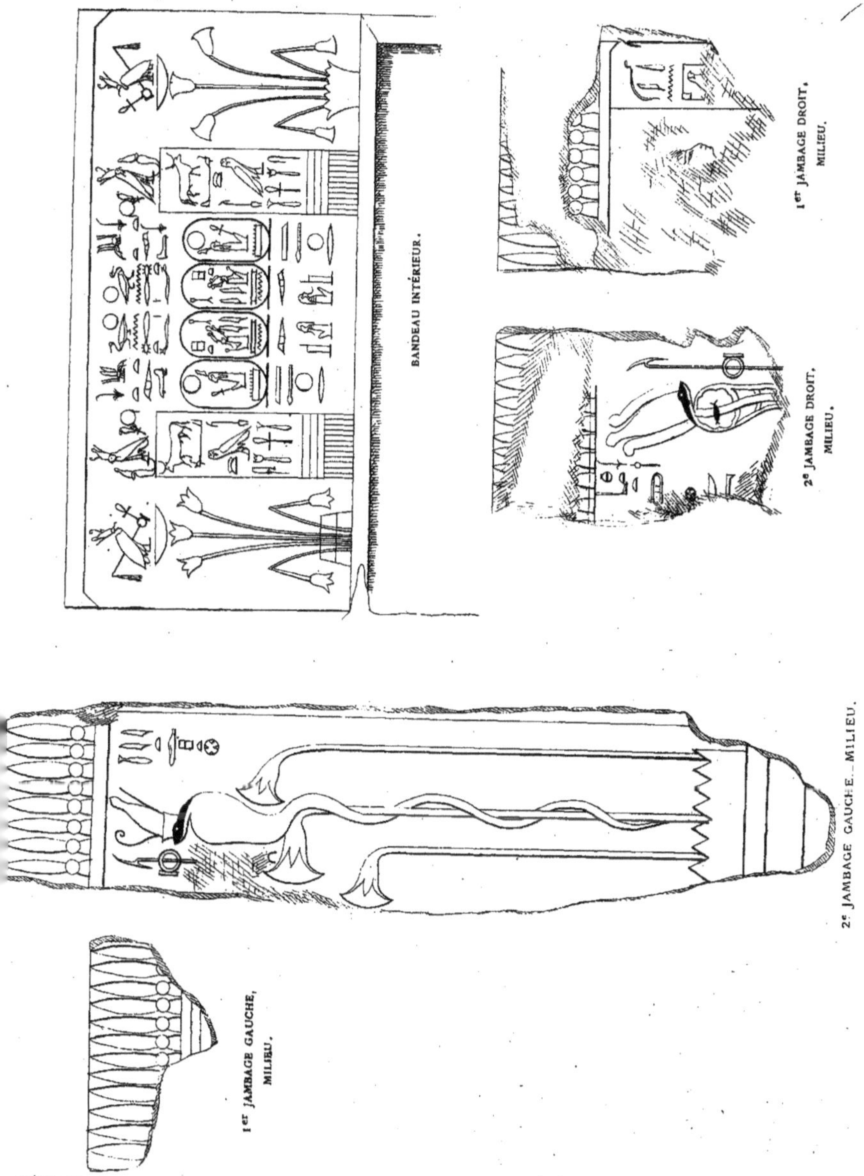

CHÉDIAC, del. & Autog. — Imp. sur Zinc. Monrocq, PARIS

GRANDE SALLE (sous la voûte). — COTÉ GAUCHE.

CHAMBRE ANNEXE. — PORTE.

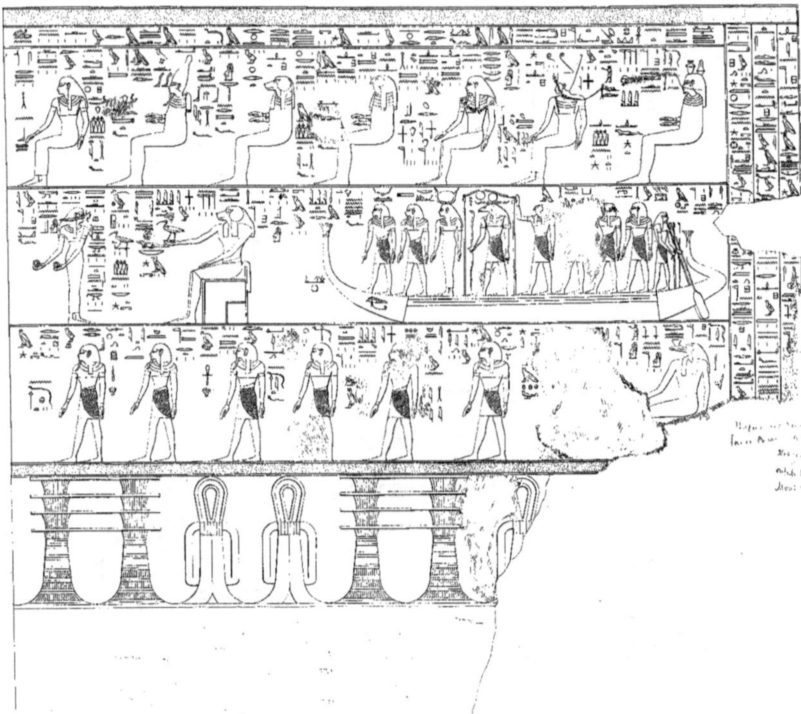

D. ORDINE, del. & lith.

V.L.

GRANDE SALLE (sous la voûte). — COTÉ GAUCHE.
CHAMBRE ANNEXE. — PAROI D'ENTRÉE. — COTÉ DROIT.

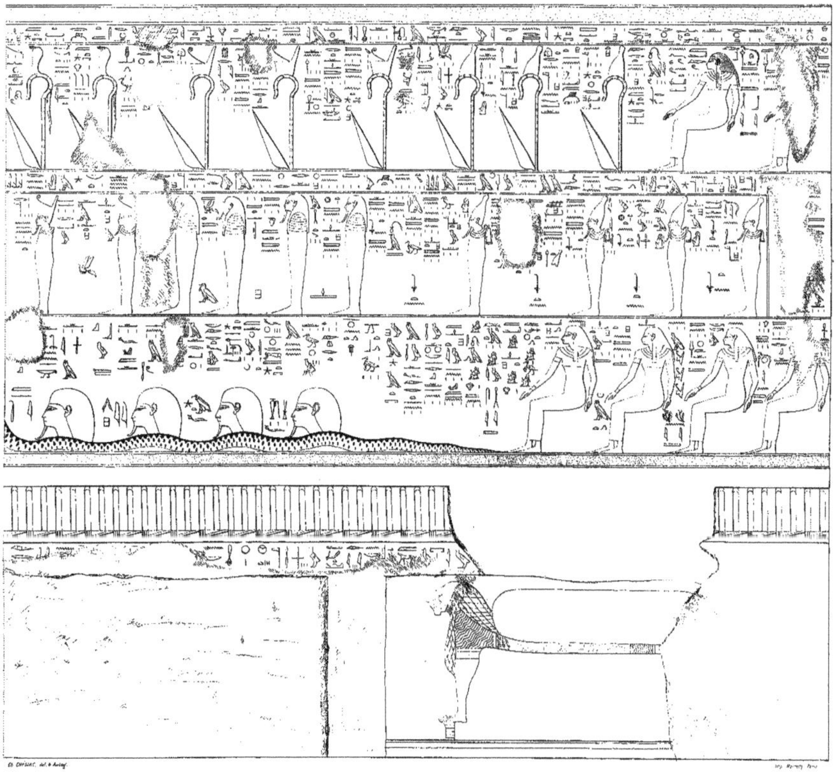

Ch. Chipiez, del. & Autogr. — Imp. Monrocq, Paris

GRANDE SALLE (sous la voûte). — COTÉ GAUCHE.
CHAMBRE ANNEXE. — PAROI DROITE.

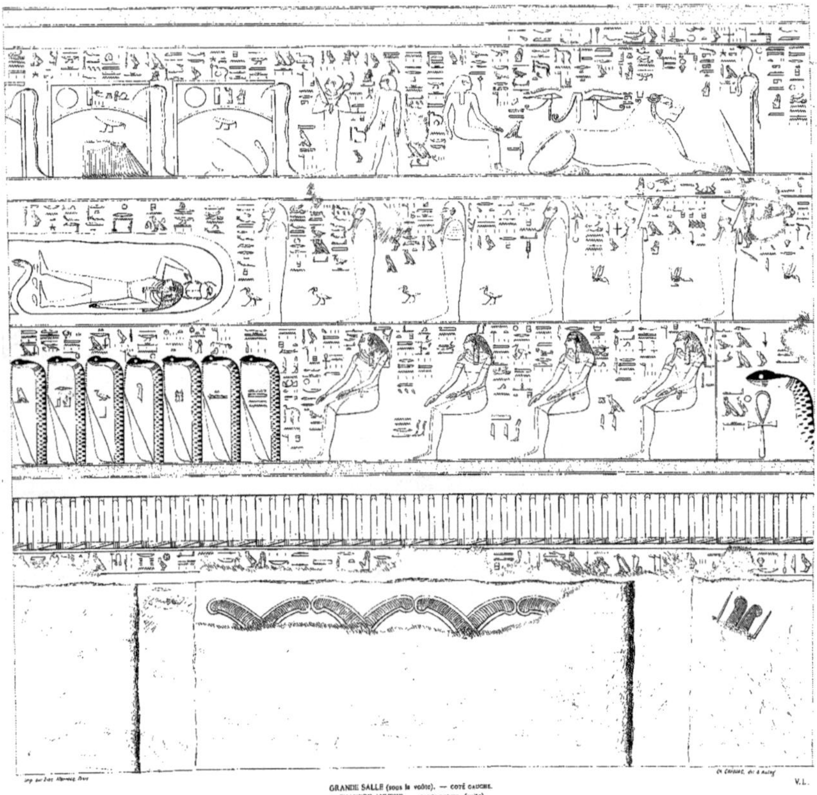

V. L.

GRANDE SALLE (sous la voûte). — COTÉ GAUCHE.
CHAMBRE ANNEXE. — PAROI DROITE (suite).

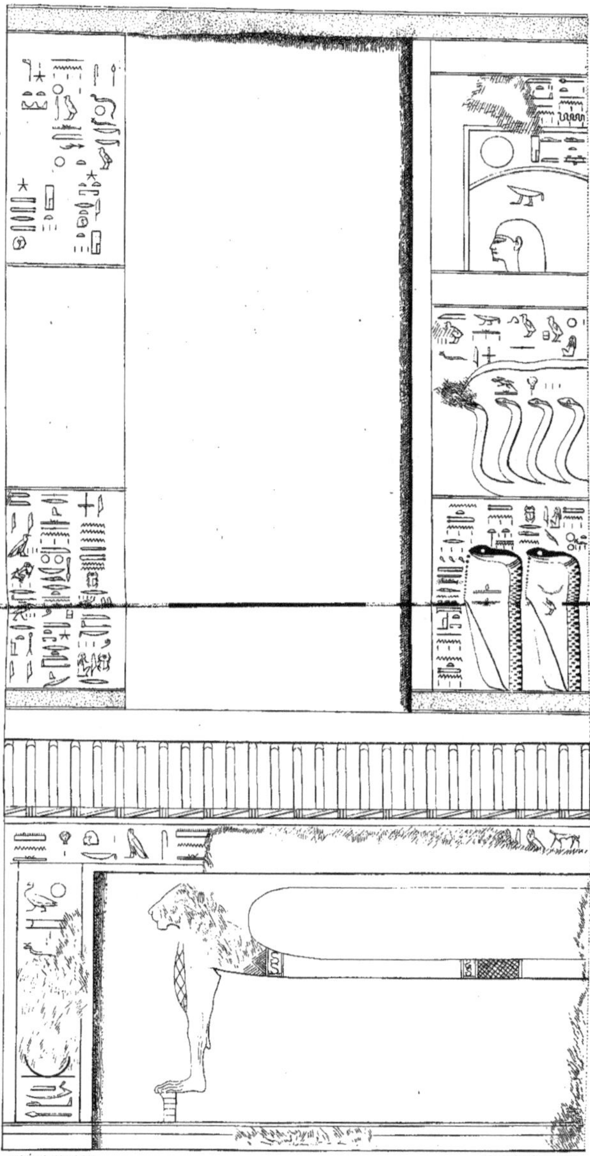

PL. XLII.

Ch. CHÉDIAC, del. & Autog. — Imp. sur Zinc. Monrocq, Paris

GRANDE SALLE (sous la voûte). — COTÉ GAUCHE.
CHAMBRE ANNEXE. — PAROI DROITE (fin).

V. L.

PL. XLIII.

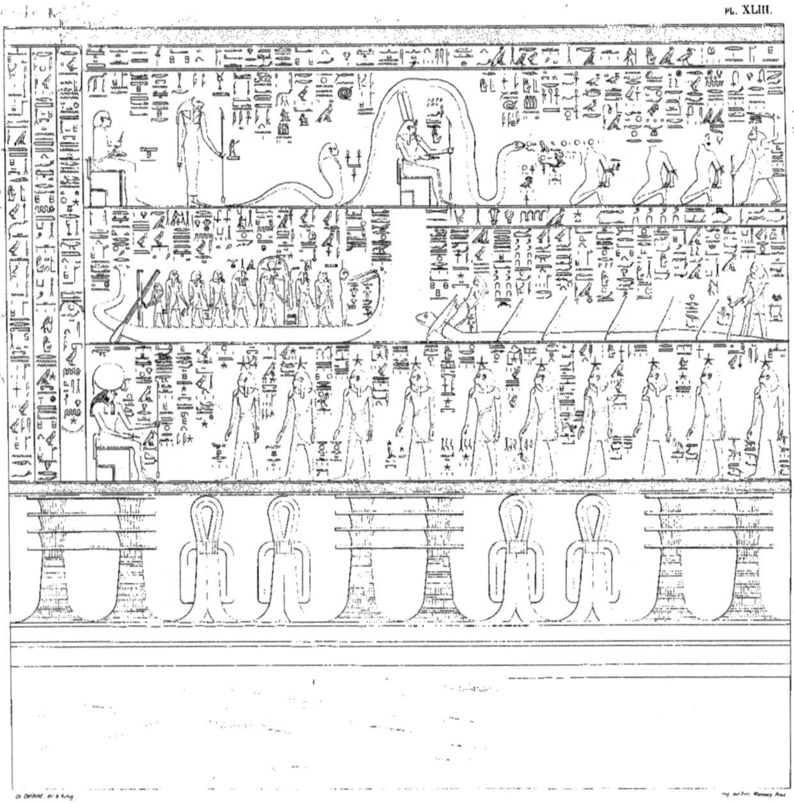

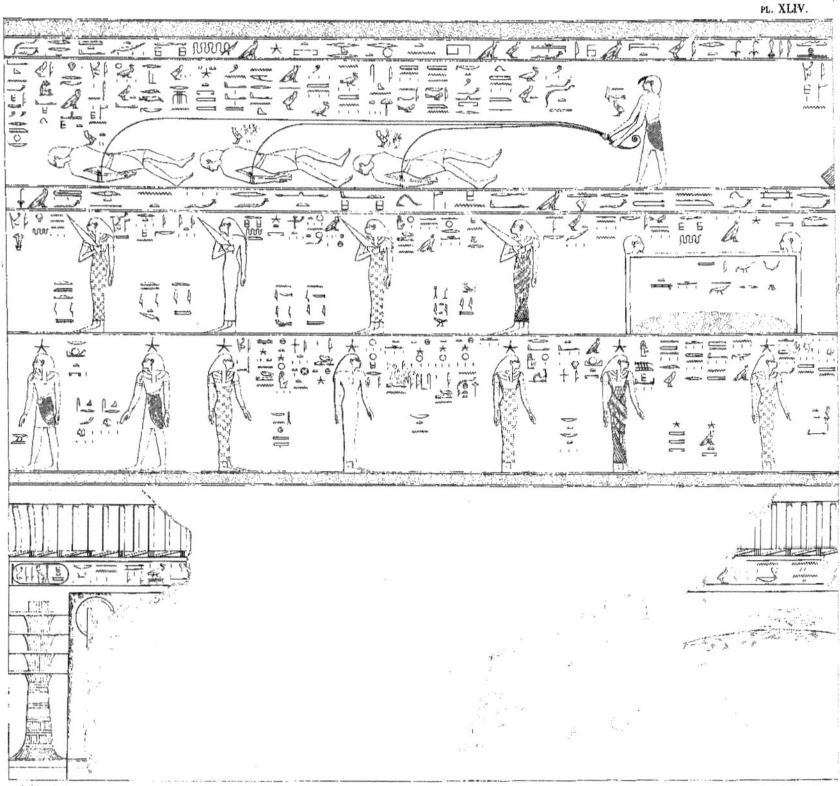

GRANDE SALLE (sous la voûte). — CÔTÉ GAUCHE.
CHAMBRE ANNEXE. — PAROI GAUCHE.

PL. XLV.

Ch. Chédiac, del. & Autogr.

Imp. sur Zinc. Monrocq, Paris

GRANDE SALLE (sous la voûte). — COTÉ GAUCHE.
CHAMBRE ANNEXE. — PAROI GAUCHE (suite).

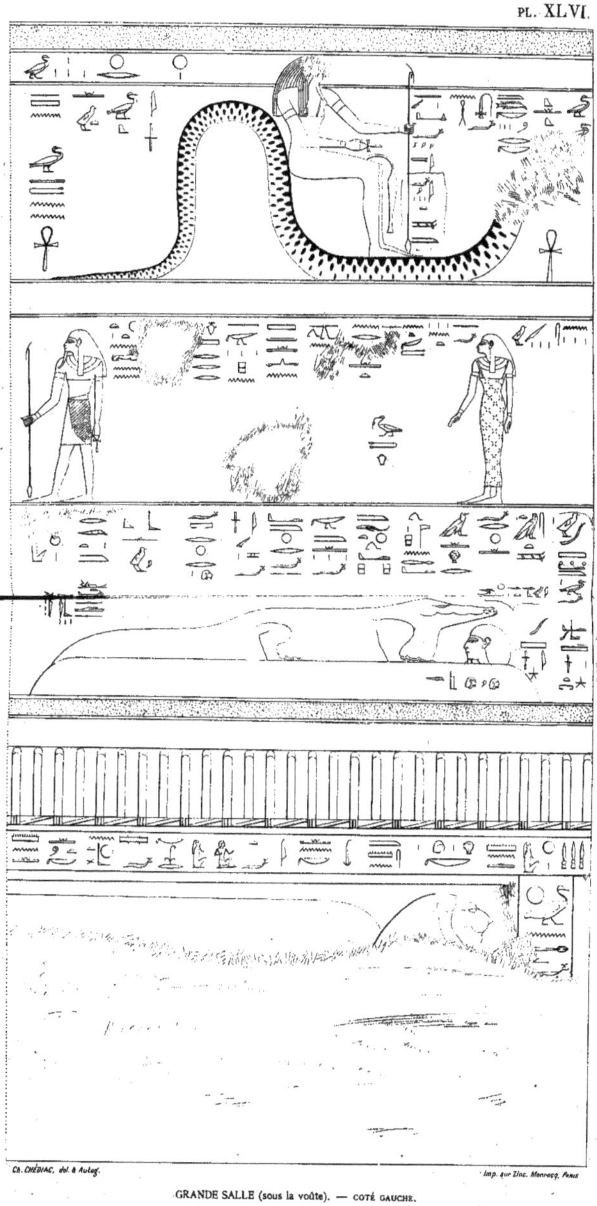

Ch. CHÉDIAC, del. & Autog.

Imp. sur Zinc. Monrocq, Paris

GRANDE SALLE (sous la voûte). — COTÉ GAUCHE.

CHAMBRE ANNEXE. — PAROI GAUCHE (fin).

PL. XLVII.

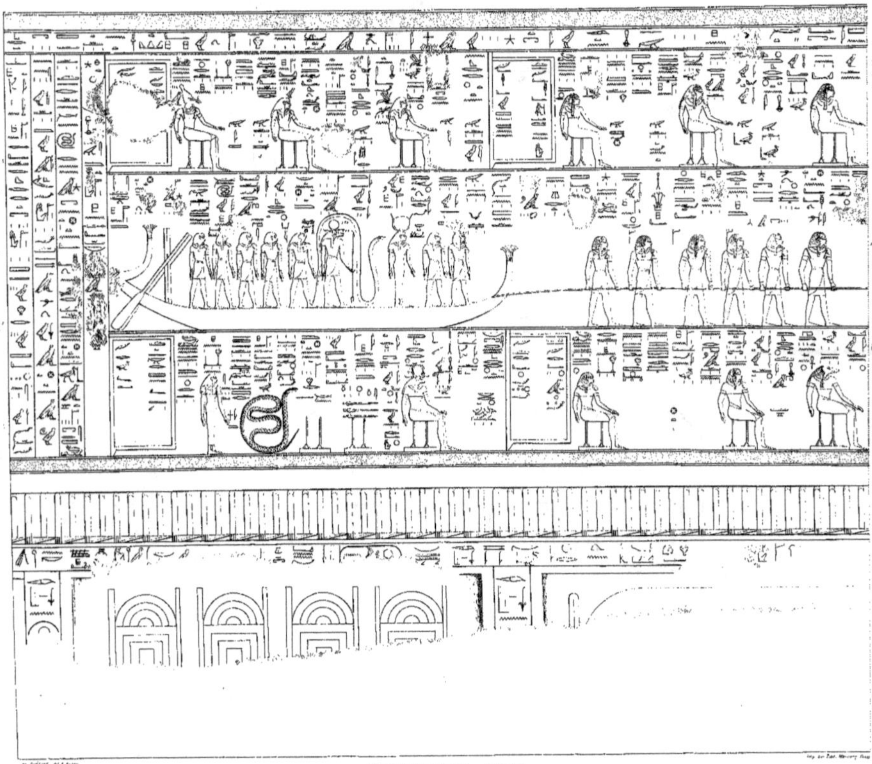

GRANDE SALLE (sous la voûte). — CÔTÉ GAUCHE.
CHAMBRE ANNEXE. — PAROI DU FOND.

Lt B.

PL. XLVIII.

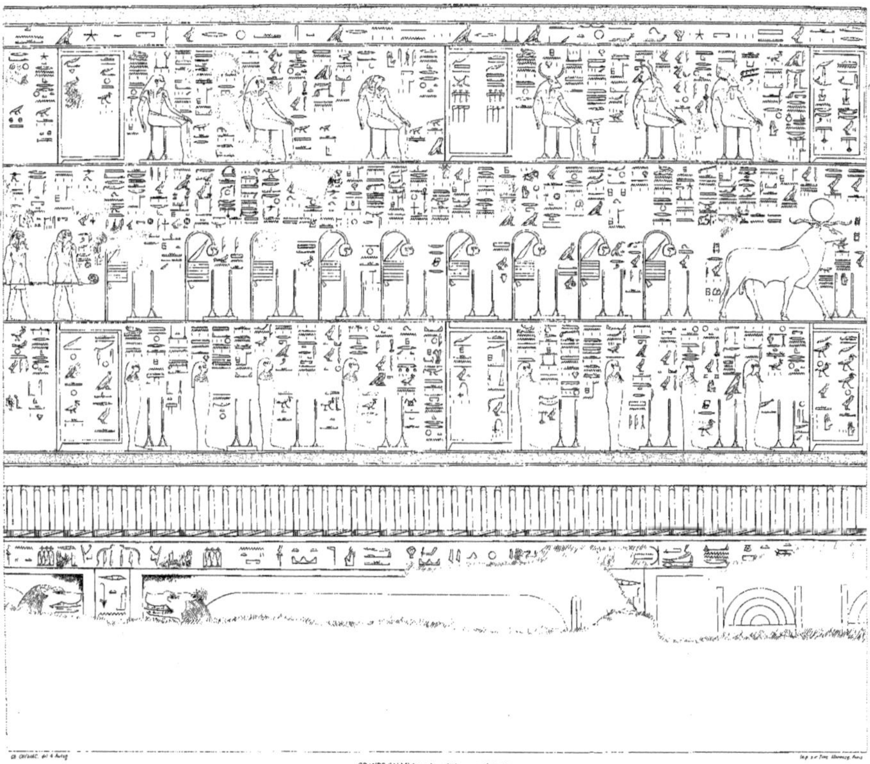

GRANDE SALLE (sous la voûte). — CÔTÉ GAUCHE.
CHAMBRE ANNEXE. — PAROI DU FOND (suite).

U.B.

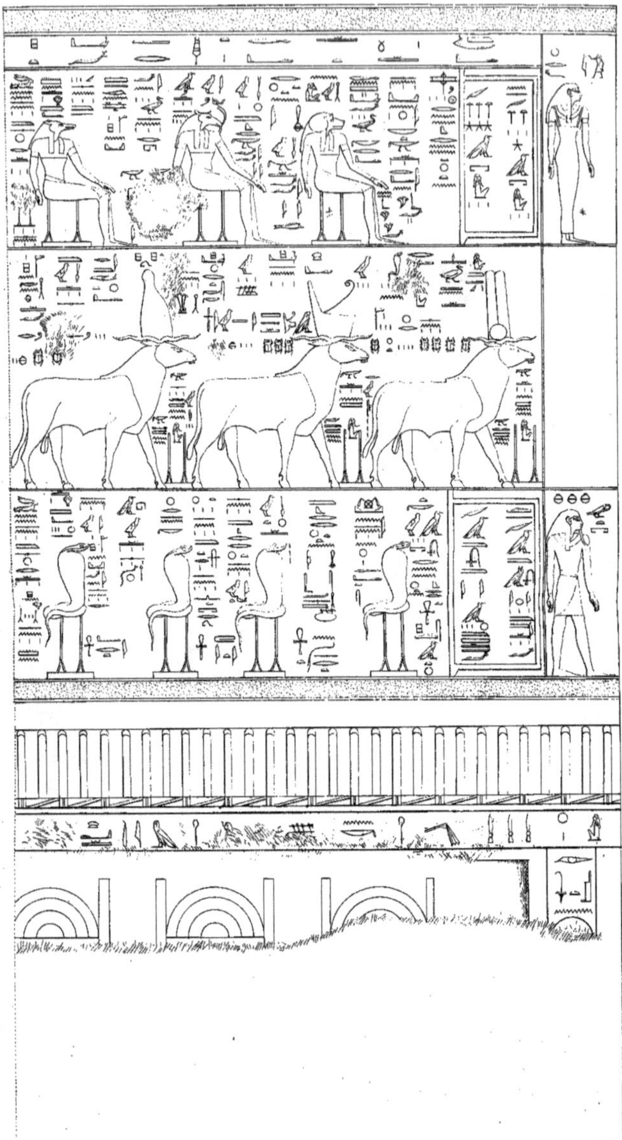

Ch. CHÉDIAC, del. & Autog. — Imp. sur Zinc. Monrocq, Paris

GRANDE SALLE (sous la voûte). — COTÉ GAUCHE. U.B.
CHAMBRE ANNEXE. — PAROI DU FOND (fin).

PILIER DE GAUCHE.
2. — GAUCHE.

PILIER DE GAUCHE.
3. — FOND.

PILIER DE GAUCHE.
4. — DROITE.

PILIER DE DROITE.
1. — ENTRÉE.

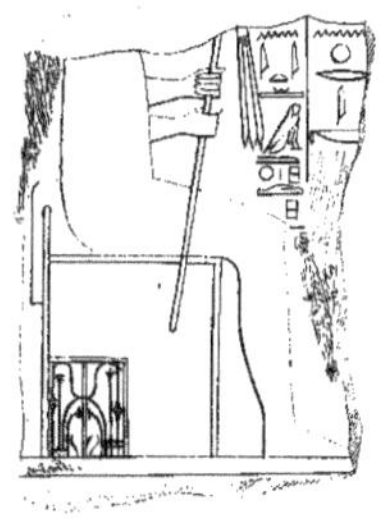

PILIER DE DROITE.
2. — GAUCHE.

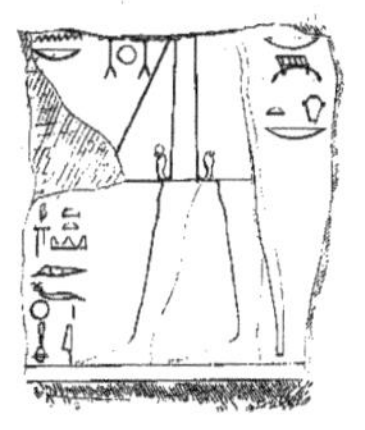

PILIER DE DROITE.
3. — FOND.

PL. L.

GRANDE SALLE (sous la voûte) — CÔTÉ GAUCHE.
CHAMBRE ANNEXE. — PILIERS.

Ch. Chénac, Autog.

Imp. sur Zinc. Monrocq, Paris

APPENDICE

JAMBAGE DROIT. — MILIEU (d'après Belzoni et le Louvre).

JAMBAGE GAUCHE. — MILIEU (d'après Rosellini).

QUATRIÈME CORRIDOR. — PORTE.

Imp. sur Zinc Monrocq Paris

Ch. Chédiac, del. & Autogr.

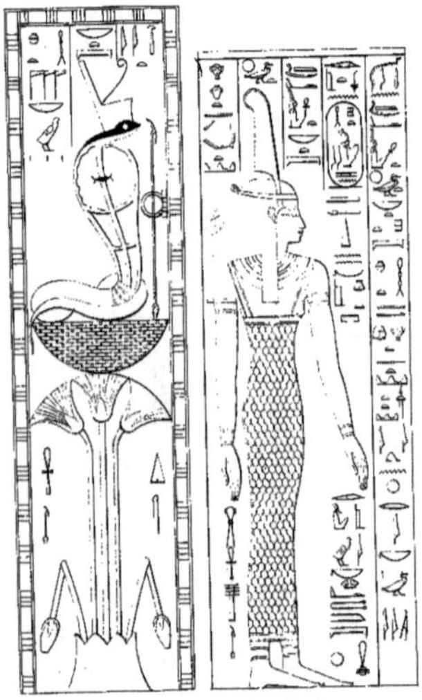

JAMBAGES DROITS. — MILIEU (d'après Belzoni).

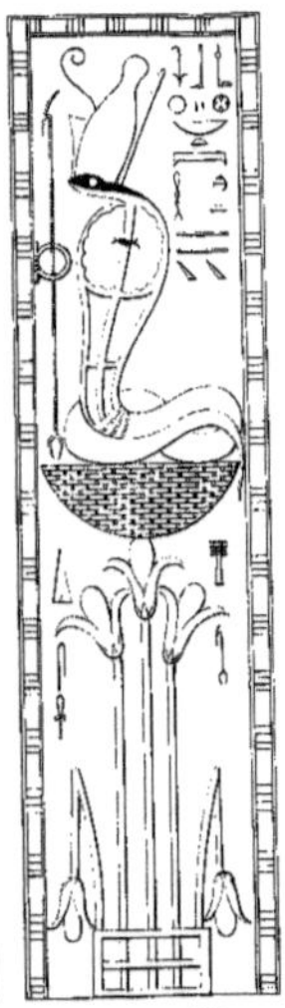

2me JAMBAGE GAUCHE.
MILIEU (d'après Belzoni).

DEUXIÈME PETITE SALLE. — PORTE.

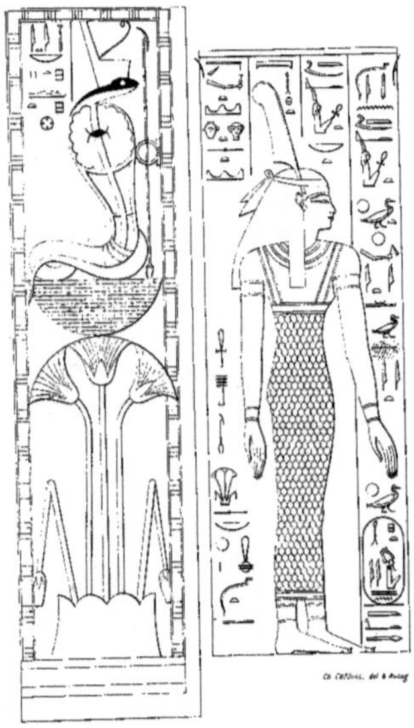

GRANDE SALLE (avant la voûte). — PORTE.
JAMBAGES DROITS. — MILIEU.

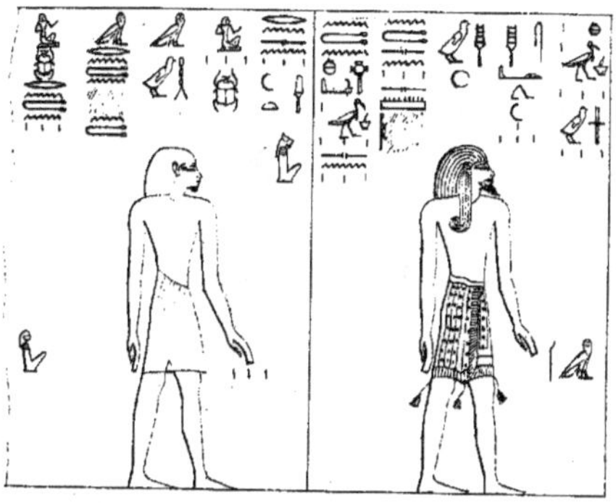

FIN DE LA PAROI GAUCHE (d'après Lepsius).

DEUXIÈME PILIER DE GAUCHE.

ENTRÉE (d'après Lepsius).

GRANDE SALLE (avant la voûte).

FACES DE PILIERS. (d'après Belzoni. — La dernière inscription est évidemment fautive).

GRANDE SALLE (sous la voûte).

CHAMBRE ANNEXE. — COTÉ GAUCHE.

Ch. CHÉDIAC, del. & Autog.

I.

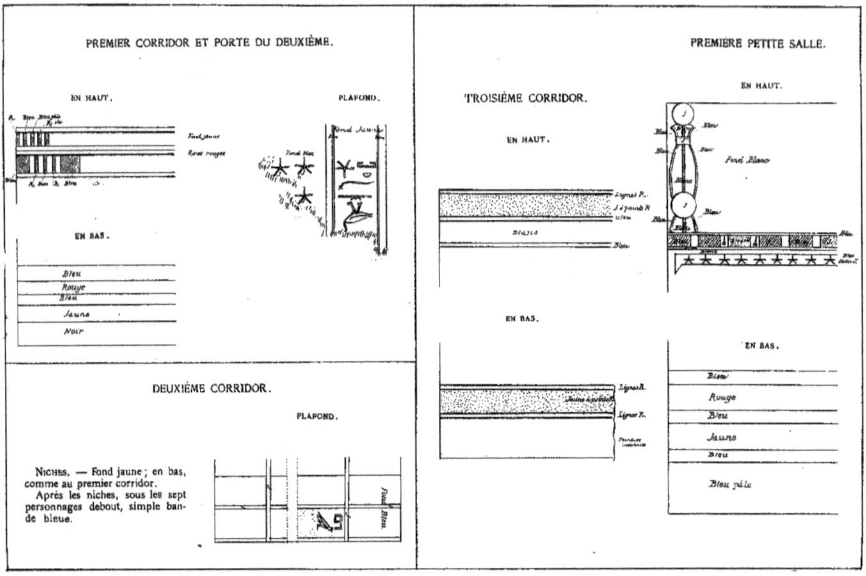

II

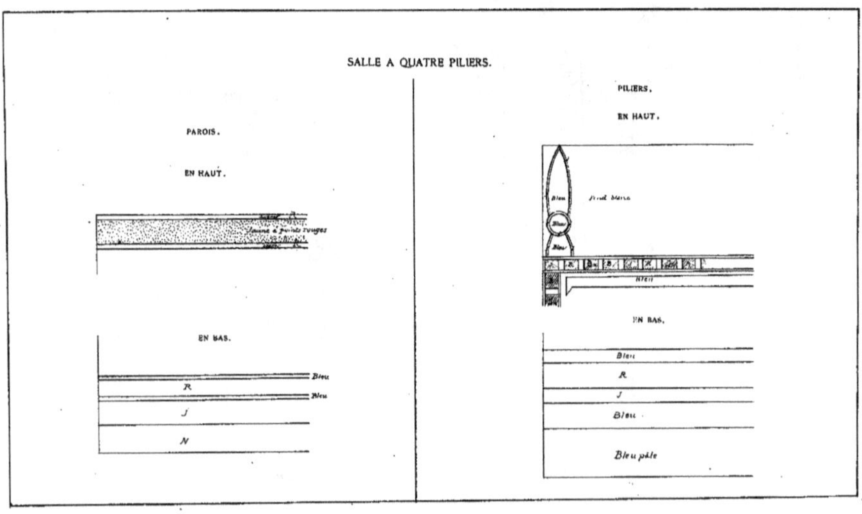

DÉTAILS ET COULEURS DES ENCADREMENTS.

III

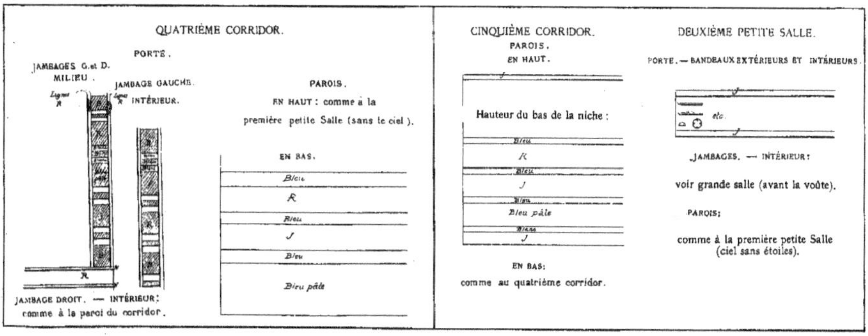

IV

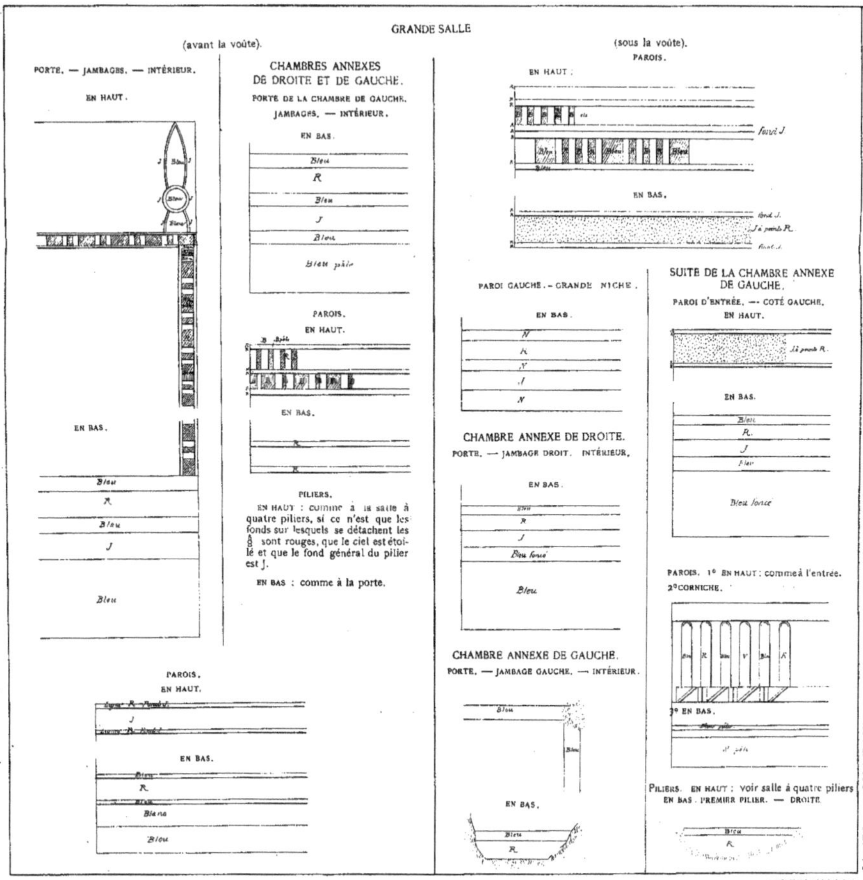

DÉTAILS ET COULEURS DES ENCADREMENTS (fin).

Ch. CHEDIAC, del. & Autog.

APPENDICE. — PL. V.

www.ingramcontent.com/pod-product-compliance
Lightning Source LLC
Chambersburg PA
CBHW072100080426
42733CB00010B/2169